中职生“中国梦”爱国主义教育读本
根据国家教育部最新精神编写

ZHONGGUOMENG · WODEMENG

中国梦·我的梦

·中职卷·

时事理论读物编写组◎编著
杜文安◎主编

红旗出版社

红旗出版社
RED FLAG PRESS
推动进步的力量

图书在版编目（CIP）数据

中国梦·我的梦. 中职卷 / 杜文安编写. -- 北京：
红旗出版社, 2013.9
ISBN 978-7-5051-2843-9

Ⅰ. ①中… Ⅱ. ①杜… Ⅲ. ①爱国主义教育－中国－
青年读物②爱国主义教育－中国－少年读物 Ⅳ.
①D647-49

中国版本图书馆CIP数据核字(2013)第220438号

书　　名　中国梦·我的梦（中职卷）
编　　著　杜文安
出 品 人　高海浩　　　　责任编辑　赵春霞
总 监 制　徐永新　　　　装帧设计　张　应　郑祥玲
出版发行　红旗出版社　　地　　址　北京市沙滩北街2号
邮政编码　100727　　　　编 辑 部　010-84017280
E - mail　hongqi1608@126.com
发 行 部　010-64024637
经　　销　全国新华书店
印　　刷　北京彩虹伟业印刷有限公司
开　　本　710毫米×1000毫米　1/16
字　　数　128千字　　　　印　　张　8
版　　次　2013年9月北京第1版　2013年9月北京第1次印刷
印　　数　1-5000
ISBN 978-7-5051-2843-9　　定　　价　16.00元

欢迎品牌畅销图书项目合作　联系电话：010-84026619
凡购本书，如有缺页、倒页、脱页，本社发行部负责调换。

前言

梦想成就人生，技能铸就未来

实现中国梦必须走中国道路，必须凝聚中国力量。国家主席习近平在讲话中深刻阐释了实现中国梦的正确方向。"中国梦"是民族的梦，也是每个中国人的梦。生活在我们伟大祖国和伟大时代的中国人民，共同享有人生出彩的机会，共同享有梦想成真的机会，共同享有同祖国和时代一起成长与进步的机会。

身为中华民族的一员、作为一名中国人、新时代的中职学生，我们的梦就是民族梦、中国梦。我们有着和其他莘莘学子一样报效祖国、奉献社会、为伟大祖国奉献自己的青春、智慧和力量的机会和梦想。中职的学习生活，将使我们成长为一个有梦想、刻苦学习、苦练专业技能，用自己的一技之才为社会作贡献、为伟大祖国的繁荣昌盛添砖加瓦。

在理论学习、专业技能的训练、技能大赛中，我们付出了自己艰辛的努力。我们在课堂上、在实验室里努力着、奋斗着，繁琐、重复性的接线、查找问题，一次次地事故排除，锻炼了我们的意志品质。我们的梦想就是掌握更多的专业知识和技能，成为祖国需要的栋梁之才。职高的学习生活，使我们有了从未有过的梦想，让我们知道我们也是社会不可或缺的人才，在伟大祖国的建设中，我们是中坚力量，用我们掌握的技能在将来各自不同的岗位上发挥举足轻重的作用。在这一飞跃式跨越中，虽然需要自己的努力，但是更离不开老师们的教诲。

我们在学习中成长，收获快乐、成功与希望。“条条大路通罗马”，中职生同样可以品学兼优，同样可以成为祖国的栋梁之才。我们有能力向所有的人诠释职高学生通过自己艰辛的努力，同样可以得到社会的认可，同样可以找回自信，同样可以为祖国做出贡献。这一切都是职校的学习生活给予我们扬帆起航的动力、重新开始的机会和创业的勇气。我们将沿着老师指引的、自己选择的道路，一如既往地前进！相信我们每个中职生只要为了实现自己的梦想而努力，就会拥有广阔的空间。

我们的人生会活得更精彩！我们的梦想一定能成真！

编委会

2013 年 9 月

目录 CONTENTS

第一讲　文明滥觞　华夏辉煌

梦想导读

中华民族有着灿烂辉煌的历史，是世界文明的发祥地之一，四大发明的伟大成就至今仍对世界有着深远影响。五千年来，中华文明以其独有的特色和辉煌走在了世界文明发展的前列，为世界文明进步作出过巨大的贡献。而也正因此，这个伟大的国度一度做着“天朝之梦”，并以为其福泽可以庇佑整个民族。至今，回顾中华文明古国的那段历史，我们仍不免骄傲和自豪。但是近代的中国却遭受了内忧外患、落后反动的封建主义，垄断盘剥的官僚资本主义和侵略成性的帝国主义三座大山的压迫，使中国人民生活在水深火热中，中华民族伟大的文明进程受到阻扰。英勇的中华儿女并没有屈服，一大批先驱筚路蓝缕、上下求索，积极探索救亡图存的道路，直至为新中国的成立开启崭新的篇章，稳步走向中华民族的复兴之路、梦想之路。

一、政治制度创先河

政治制度主要是指国家政权的组织形式及与之相关的政治领域的各项制度，它由社会的经济基础所决定并为之服务。古代中国的政治制度早早确立，并经历了不断改革、发展和完善，对中国社会乃至世界历史的发展都产生了深远的影响。

早在奴隶制国家形成前，黄帝、尧、舜、禹等就先后形成了势力集团，在黄河流域开始了农耕、治理河道、战争等活动。中国第一个奴隶制国家政权“夏”的建立，开创了真正意义政治制度的政权先河。经过商、西周、春秋，到公元前476年，奴隶制度经历了1600年的独立发展期，这是别的文明古国所无法比拟的。公元前475年，中国进入封建社会，比西欧国家（公元476年）早了1000年。公元前221年，秦兼并六国，秦王嬴政自称始皇帝，建立统一的、多民族的中央集权制国家。而西欧的英法则到1453年英法百年战争结束后才开始走上中央集权的民族君主国的道路，比中国晚了1600多年。

政治制度的不断发展和完善，有利于多民族封建国家的建立、巩固和发展；有利于维护国家的统一和领土的完整；有效地组织人力、物力和财力进行大规模的经济建设和生产活动；有利于社会经济的发展；在统一的社会环境下，有利于民族大融合，有利于各地区经济、文化的交流、发展和提高，使我国古代人民创造了领先于世界的古代文明。

中国政治制度曾在相当长的时期内对周边国家和地区产生着深刻影响。有很多来华使节和留学生来中国学习包括政治制度在内的礼仪制度。在东亚地区，日本制度文化深受唐朝影响，他们的大化改新以唐朝制度为蓝本，甚至都城的建造都完全仿照长安的样式。长安等地设有专门接待朝鲜商旅的“新罗坊”“新罗馆”。新罗立国，参用唐朝制度、设立国学、教授儒学，新罗文化带有浓重的中华文化色彩。在中亚西亚地区，东汉的甘英曾出使大秦，行至波斯湾，加强交流。隋朝和波斯互遣使节，唐朝时波斯人在中国开设波斯店。唐高宗时，大食与中国通使，持续了一个半世纪。166年，大秦安敦王朝派使者来到东汉，这是中欧直接往来的最早记录。后来畏兀儿族人列班·扫马前往西亚、欧洲，成为我国第一位访问欧洲各国的旅行家，对传播中国政治理念和文化有促进作用。在相对宽松的政治制度下，大量波斯人、阿拉伯人在元朝时期迁入中国，和汉、蒙、畏兀儿等民族长期杂居通婚，形成新的民族——回族。

二、汉字符号书写文明

文字的发明是人类文明的重要标志。中国早在殷商时期就已经出现了成熟的甲骨文，迄今已有3000多年的历史。而如果从龙山出土的黑陶尊外部表示太阳初升景象的合体字来看，汉字最晚在距今约5000年的新石器时代晚期就已经创造出来了。汉字的起源之早，足以表明中华民族早在5000年以前就已经从茹毛饮血、穴处野居的蛮荒状态进入了世界文明之林。汉字历史的悠久性是中华文明历史悠久性的最直接、最有力的证明。汉字是世界上历史最悠久的文字之一，而且是当今世界上仅有的仍在通行使用的最古老的一种文字。中国的汉字，古老而精深，历久而弥新。它是一座见证中华文明，传承中华文化的历史丰碑，是一个超越时空、生生不息、青春永驻的文化精灵。

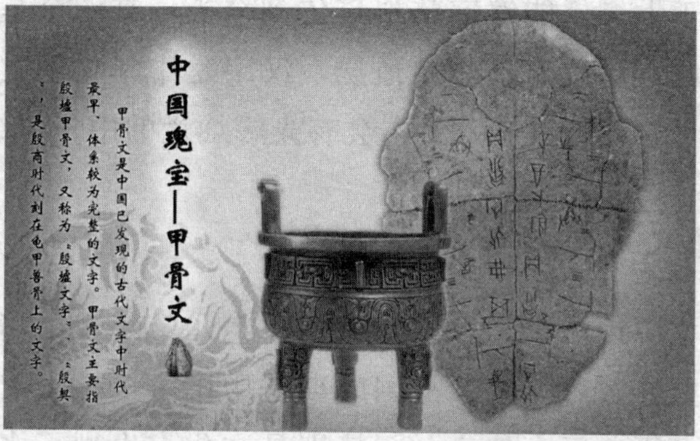

世界各民族的文字草创伊始，莫不以描摹实物的形体轮廓为起点，在其发展的起始阶段大都显示出一定程度同步行进的轨迹，汉字的古今嬗变也走过了一段与世界其他民族文字相同的历程。然而，由于种种原因，各国文字的最终结果却迥然不同，印欧文字最终都演变成拼音文字，文字形体与语词意义之间失去了直接的联系，字母成了只是记录言语的符号。唯有汉字在沿着特殊轨道前行发展，几千年之后仍然保留着初始时期的特质，成为以形表意的独特文字。

这一点至今仍令很多国家的语言研究者惊叹不已，并且出现了很多研究汉字和汉文化的学者。

同时，汉字被中国不同的方言地区和不同民族的人们所接受和认同，成为汉民族乃至整个中华民族共同使用的书写符号。随着影响力扩展，也影响到中国周边国家和地区，形成了汉字文化圈。

在漫长悠久的岁月里，汉字作为中华文化的载体，灵光四射，照亮了中华文明前行的道路。数千年来，从文字图画到图画文字，再到甲骨文、金文、大篆、小篆、隶书、草书、行书、楷书，汉字的形体虽多有变异，但又一脉相承，忠实地记录了中华文明的光辉历程。从诗经民歌、先秦诸子、两汉经学、魏晋玄学、隋唐佛学、宋明理学、清代朴学，到古代文史典籍中的楚辞汉赋、二十四史、唐诗宋词、明清小说，都得仰仗古今一脉的汉字系统才得以保全。数千年来，历史悠久的中华文化层峦叠嶂、代有高峰，以其连续性、持久性闻名于世，但能够完整地流传到今天，靠的全是汉字的记录与传承。因此，可以毫不夸大地说，汉字是中华文明之光，汉字是中华文化之母。没有汉字，就不会有光辉灿烂的中华传统文化。

三、思想文化闪耀世界

中华文化源远流长，思想博大精深，几千年来中华民族为人类文明作出了重要贡献。春秋战国时期是中国一个承上启下的转折时代，社会正经历着巨大地变化，特别是文化上出现了多元化发展的盛况，产生了一大批思想家、理论家，形成了众多学派，历史上称之为“诸子百家”。他们纷纷著书讲学、游说立传，宣传自己的思想，被称为人类历史上一次史无前例的“思想大解放”。这就是我国历史上著名的“百家争鸣”。

以孔子、孟子、荀子为代表的儒家思想者提倡“亲亲”“尊尊”的立法原则，维护“礼治”、提倡“德治”、重视“人治”，迎合了封建统治者的需求，被封建社会长期奉为正统思想，儒家学说成了国家信仰，中国由此进入了儒家社会。

儒家学说后来传播到朝鲜、日本、越南等地区，在这些地区发展，并成为官方学说。在欧洲，著名的启蒙运动从中国儒家学说中汲取了营养。直至现今，在国外各地以教授汉文化为主的孔子学院的大量建立，仍可看到儒学在世界的影响力。

中国哲学在其两千多年的发展中出现了许多哲学家及其从多流派，他们各自体现了时代的精神面貌，成为中华民族精神文化的不同基因，至今仍然有着广泛而深刻的影响。

中国古代哲学重人生、重践履、重道德、重和谐、重直觉。哲学家们主张虽异，却也存在着一个共同点，那就是天下一家。一家就是一个整体，个人看问题、处事情都应以整体、以天下为根本，为了这个整体，个人可以舍生成仁、赴汤蹈火，因此养成了后世中国人强烈的集体主义和爱国主义思想，这一点在很多国家也有所体现。

其他文化元素也对世界发展产生了重要影响。中国的书法艺术、文学作品、建筑、饮食、绘画艺术等其他文化元素对今天的日本、朝鲜半岛、东南亚国家以及中亚地区乃至世界都产生了深远的影响。其他诸如服饰、音乐、武术体育、兵法、民俗文化等方面，也都对人类发展产生了举足轻重的推动作用。

中国传统文化有着深厚的积淀，美国哈佛大学教授杜维明曾经给予这样的赞誉，他说："世界上有古无今的文化很多，有今无古的文化也很多，而有古有今的文化则很少，像中国这样波澜壮阔的文化传统简直是独一无二的历史现象。"

四、科技成就遥遥领先

中国是世界文明古国之一，其中一个重要的标志就是古代四大发明——造纸术、印刷术、火药、指南针。四大发明是中华民族奉献给世界的伟大技术成果，对世界历史的进程产生了巨大影响。现代实验科学的真正始祖培根曾说："我们若要观察新发明的力量、效

能和结果，最显著的例子便是印刷术、火药和指南针了……历史上没有任何帝国、宗教或显赫人物能比这三大发明对人类的事物有更大的影响力。”马克思更精辟地指出：“火药、罗盘、印刷术——这是预示资产阶级社会到来的三项伟大发明。火药把骑士阶层炸得粉碎，罗盘打开了世界市场并建立了殖民地，而印刷术却变成新教的工具，并且一般地说变成科学复兴的手段，变成创造精神发展的必要前提的最强大的推动力。”四大发明在欧洲文明产生以前陆续传入西方，成为资产阶级发展的“必要前提”。

据有关资料记载，中国历代重大科技成就在世界重大科技中比例：公元前 6 世纪前为 57.4%；公元前 6 世纪到公元前 1 世纪为 50%；公元前 1 世纪到 400 年为 62%；401 年到 1000 年为 71%；1001 年到 1500 年为 58%。明朝以前的世界重要发明和伟大的科技成就有 300 多项，其中有 175 项是我们中国人发明的。英国学者罗伯特·坦普尔在《中国：发明与发现的国度》一书中用简明通俗的文字介绍了中国的 100 个“世界第一”。他在书中动情地写道：“中国文献清楚地向我们展示了一个又一个不平凡的发明和发现，考古证据或绘画实物证实中国的发明与发现比欧洲的或照搬采用的发明或发现一般领先很长一段时间。无论是二项式系数排列，还是旋转运动与直线运动相互转移的方法，或是第一台时钟中的擒纵装置，或韧性铸铁犁铧，或植物学与土壤学的开创，或皮肤与内脏的关系，或天花痘苗接种的发现……不管你探究哪一项，中国总是一个接一个的居世界第一……如果诺贝尔奖在中国的古代已经设立，各项奖金的得主，就会毫无争议地全都属于中国人。”

中国的科技发明在很长一段时期内使西方望尘莫及，作为古代四大文明古国，中国古代文明包括物质文明和精神文明等方面，特别是科学文化方面长期处于世界领先地位。而且中华文明向世界各地传播，对世界科学技术的发展作出了重要的贡献，对于西方近代文明的发展有很重要的意义。

五、商贸活动贡献突出

公元前138年至公元前115年间，汉武帝派遣大使张骞两度出使西域，开辟了联结中国与西方的第一座桥梁——陆上丝绸之路。通过丝绸之路，中国与中亚、西亚进行了频繁的经济文化交流。中国的铁器、丝绸和养蚕缫丝技术，以及铸铁术、井渠法、造纸法等西传，印度佛教也通过丝绸之路传入中国。

海上丝绸之路主要是指广东、福建、浙江沿海港口（广州、泉州、明州、宁波、福州等）与印度支那半岛、马六甲海峡、孟加拉沿岸、印度半岛南端等国家的交流沟通。加强了同东南亚、南亚各国的联系，从水路沟通了东西外交圈之间的联系。明朝时期，郑和七下西洋，与亚非30多个国家和地区直接贸易，最远到达红海沿岸和非洲东海岸，增进了中外友好往来和经济文化交流。

随着丝绸之路的兴旺，中国的养蚕、造纸、丝织技术渐渐西传大食，再传到欧洲和非洲，也把中国的诸多古代发明传到了阿拉伯国家，之后又传到了欧洲，传到了世界各地。中亚、波斯的商人也通过这条路线把胡椒、波斯枣、药品、香料、珠宝等输入中国。各民族互相交流融合，推动了世界文明的发展进程。

陶瓷，曾被人们称为中国的第五大发明。瓷器从唐朝中晚期开始已列入大宗外销货物之一。北宋年间的中国陶瓷在欧洲市场上与黄金等价。明朝在青花瓷的基础上，烧制出彩瓷，中国的制瓷技术达到顶峰，那个时期的中国瓷器在美洲市场上贵如白银。清代时发明了珐琅彩。江西的景德镇，在元代发展为全国制瓷中心，明清时是全国的瓷都。欧洲人见到瓷器就想到中国，提到中国就想到瓷器，甚至把瓷器当作中国的代名词。英国人称中国为China，原意就是瓷器。

在漫长的中外交流历程中，马可波罗是中外交流史上极为重要的人物，既是中西文化交流的先驱，又是中西文化交流的象征。他在《马可·波罗游记》中盛赞了中国的繁盛昌明：发达的工商业、繁华热闹的市集、华美廉价的丝绸锦缎、宏伟壮观的都城、完善方便的驿道交通、普遍流通的纸币，等等。的确，中国是一个多民族、多人口的国家，幅员辽阔，延绵不息。古代中国的经济、文化、科技、政治制度等在相当长的一段时期内都一直领先世界其他地区，为世界文明发展作出了不可磨灭的贡献。

梦想拓展

通过翻查材料，想一想，你认为还有哪些中华文明或者杰出成就是享誉世界的？它们对人类进步作出了哪些巨大贡献的？

第二讲　风雨来袭　国耻难忘

梦想导读

在世界文明发展史上，中华民族曾经创造过灿烂辉煌的文明，对人类社会的发展作出过巨大贡献。英国学者李约瑟在《中国科学技术史》一书中指出：在15世纪前，中国在科学技术方面的发明和发现“往往超过同时代的欧洲”。然而在清朝乾隆末期，封建统治逐渐显现出了其落后性。落后就要挨打，变局随之而来。从1840年英国用坚船利炮打开中国大门后，第一次鸦片战争、第二次鸦片战争、中法战争、甲午中日战争、八国联军侵华……灾难接踵而至，通过一系列侵略战争，西方列强强迫中国签订各种各样的不平等条约，勒索巨额赔款、鲸吞中国领土、划分势力范围。“长夜难明赤县天”，列强的入侵使古老中国山河破碎、国将不国，神州故土“失养于祖国，受虐于异类”；使华夏大地农村荒芜、城镇凋敝，社会生产力发展受到沉重打击；使中国人民备受压迫和剥削、蒙受巨大屈辱，被戴上“东亚病夫”“劣等民族”的帽子。那些风雨来袭的耻辱日子令人难忘。

一、大国衰落

明清时期，是中国封建社会由盛转衰的时期。曾经的强盛国势，从乾隆末年就呈现出江河日下之势，在政治、经济、军事、思想、对外关系、内部治理等方面都出现了不同程度的危机。而几乎与此同时，西方国家先后发生了资产阶级革命和工业革命，科学技术和社会生产力加速发展。而清朝封建统治者并没有看到外部世界的变化，依然闭关自守、固步自封，屡屡错失跟上世界潮流的机遇，中国开始大大落后于西方国家。

1. 经济危机频现

资本主义萌芽的出现和发展，自给自足的小农经济受到严重冲击。明朝中后期，在封建社会内部产生了资本主义萌芽，新的生产关系虽然没有像欧洲那样从根本上动摇封建统治的基础，但已经从经济基础方面反映了封建制度的衰落。到鸦片战争前，以小农业和家庭手工业相结合的自给自足的自然经济，始终占据中国社会经济的主导地位，但所暴露出来的缺点日益明显。土地兼并日趋严重，社会财富分配差异日益增大，不患寡而患不均，日益扩大的财富差异，成为了社会不同阶层矛盾的根源。而且在乾隆后期出现了货币危机，以英国为首的欧洲国家已经无法忍受在茶叶、丝绸、瓷器贸易中，中国长期处于大规模贸易顺差地位的状况。在要求中国开放通商口岸失败后，英国开始尝试使用鸦片来扭转自身的贸易逆差状况。当时中国的货币体制在白银大量外流的情况下，受到严重的冲击，产生巨大的通货膨胀。巨大的通货膨胀对中国社会的主要组成部分——农民造成近乎毁灭性的经济打击。在通货膨胀中破产的农民，成为各种严重社会问题的根源。

2. 政治腐败严重

清末，封建君主专制制度发展到顶峰，开始走向反动，体现了封建制度的腐朽与衰落。自 18 世纪末以来，统治阶级愈加骄奢腐化，政治上的黑暗更甚于前，整个官僚机构和武装力量陷于腐朽瘫痪的状态。官场腐败严重，特务统治、八股取士、增设军机处、大兴文字狱等一系列措施的实施，表明了依靠正常的统治措施已经难以维持统治，只好采取一些极端的手段，他们寄希望于安于现状，越发固步自封。在封建统治的重重压迫和束缚之下，中国社会经济停滞不进，人民的生活十分困苦。所以从 19 世纪初叶起，国内各族人民组织的反清起义更是连绵不断，清朝的统治面临着严重的危机。

3. 对外闭关锁国

一方面，外国势力开始侵扰我国，出现了边疆危机，如明中期倭患严重、葡萄牙侵扰我国东南沿海、荷兰侵占台湾、沙俄侵略东北地区等，表明封建王朝面临民族危机；另一方面，统治者的政策也由积极进取转向闭关锁国、消极防守，反映了封建制度的衰落。清朝统治者害怕外国商人与沿海人民接触，威胁其统治。早在17世纪，清政府为对付郑成功的抗清活动，曾厉行“海禁”。台湾收复后，“海禁”解除。18世纪中叶后，面对西方殖民者的侵扰，清政府又宣布实行闭关政策。清朝统治者不仅对汉族人民非常疑忌，而且对充当臣仆的汉族地主官僚也深具戒心，企图通过“海禁”“闭关”，将国内汉人与外界完全隔绝，以防他们内外联结，形成反清力量。1835年，两广总督卢坤等又制订了“防范夷人章程”八条，重申对外人的一些禁例，以加强闭关政策的实施。这种长期实行的闭关政策，严重地阻碍着中国对外贸易和社会政治、经济的发展。

4. 文化思想禁锢

明清政府用“四书”“五经”将人们的思想禁锢起来，对有不满情绪或评议时政者，实行残酷镇压。一方面，它是落后、闭塞的封建自然经济的产物。封建统治者在简单再生产的磨盘上转圈，在自给自足的庄园里昏睡，既不了解世界大势的发展，也不依赖商品的进出口，自认为“天朝物产丰盈，无所不有，原不籍外夷货物以通有无”。连林则徐这样有远见的大臣在鸦片战争前也曾认为“我中原数万里版舆，百产丰盈，并不籍资夷货”，如果封关绝市，那就“各国生计，从此休矣”。这一思想的根深蒂固，导致中国科技发展相对缓慢，逐渐落后于西方；理学走向极端，出现了反封建的民主启蒙思想；具有新思想、新内容的明传奇佳作的涌现；直接揭露封建社会走向腐朽和没落的明清小说的问世；西学东渐现象的产生等。这些都是我国封建社会在文化领域里由盛转衰的反映。

5. 阶级矛盾激化

自从康熙的“盛世兹丁，永不加赋”和雍正的“摊丁入亩”等刺激人口增长政策实施以来，社会人口暴增，对于一个以农业为核心经济模式的中国来说，人口已经相对过剩。简单的经济模式，有限的容纳能力和迅速暴增的人口之间的矛盾日益增大，这是各种社会危机产生的主要根源之一。又由于吏治败坏、腐败堕落、赋税加重，导致国内阶级矛盾日益激化，人民群众的反抗斗争此起彼伏。明末农民起义提出了“均田免粮”口号，矛头直指土地兼并，标志着我国农民阶级反封建斗争已进入一个新阶段，并触及封建土地所有制。军事上，由于腐败严重，导致国防空虚，军备废弛，在镇压农民起义方面都捉襟见肘，更难言抵御外来列强的入侵。

二、西方崛起

中国实行的闭关锁国政策，是一种落后的政策，对近代中国社会的进步和发展起了严重的阻碍作用，它不利于中华民族同世界各民族的正常交往，不利于中国人民了解世界、走向世界、学习世界各民族优秀的思想文化和先进的科学技术，阻碍了资本主义萌芽的发展，使中国日益落后于世界潮流，导致了近代中国的落后挨打。

正当清王朝日趋衰落的时候，英、法、美各国的资本主义却在迅速发展。从18世纪60年代起，英国开始了工业革命，到19世纪三四十年代，大机器工业逐渐代替了工场手工业。英国工业的发展，使工业产量急剧上升，“不断扩大产品销路的需要，驱使资产阶级奔走于全球各地”，努力寻找新的资源及产品生存空间。

19世纪40年代，西方资本主义国家携工业革命的雄风，蒸蒸日上。欧美列强为了扩大商品市场、争夺原料产地，加紧了征服殖民地的脚步，中国的周边国家和邻近地区，陆续成为它们的殖民地或势力范围。中国作为一个幅员辽阔的古老封建儒家奴化教育下的国家，自然成为殖民主义者侵略扩张选择的最佳对象。

三、外患频起

英国完成工业革命后，需要一个广大的市场作为商品倾销地，而拥有大量潜在消费人口的中国刚好符合这一条件。但在和中国做贸易的过程中，英国人并没有赚到便宜。由于中国出产的茶叶、丝绸、瓷器等奢侈品在欧洲市场十分受欢迎，获利丰厚，而英国出口的羊毛、尼绒等工业制品在中国却并不受青睐，这使中英贸易为英国带来庞大的贸易逆差。为了改变这种不利的贸易局面，英国采取了卑劣的手段，向中国大量走私鸦片，以满足他们追逐利润的无限欲望。

鸦片大量输入，使中国每年白银外流达 600 万两，国内发生严重银荒，造成银贵钱贱、财政枯竭、国库空虚。同时，严重败坏了社会风尚，摧残了人民的身心健康。给中国社会带来了严重危害，引起了清政府和广大人民的重视。1839 年 3 月，在林则徐的主持下，严行查缴鸦片 2 万余箱，并于虎门海口悉数销毁，在现场观看的广州城乡群众，无不拍手称快。

英国政府以此为借口，发动了第一次鸦片战争。战争以中国失败并赔款割地告终。由此签署的《南京条约》是近代中国的第一个不平等条约。鸦片战争的失败和《南京条约》等一系列不平等条约的签订，使中国社会发生了根本性的变化。政治上独立自主的中国，战后由于领土主权遭到破坏，自给自足的自然经济解体，逐渐成为世界资本主义的商品市场和原料供给地，中国开始沦为半殖民地半封建社会。第二次鸦片战争后，中国丧失了更多的领土和主权，外国侵略势力扩大到沿海各省，并深入到长江中下游地区。中国社会的半殖民地化程度进一步加深了。

19世纪五六十年代，中国发生了太平天国运动，处于内乱中。这样一个腐朽落后又有内忧的大国，像一块大肥肉，成了世界各国争夺的目标。英国联合法国发动了第二次鸦片战争。清政府再次战败，天津和北京沦陷，英法联军在北京烧杀抢掠近50天，还烧毁了著名的皇家园林——万园之园——圆明园。战后，清政府先后签订《天津条约》和《北京条约》，列强侵略更加深入。俄国趁火打劫，出兵东北，强迫清政府签订不平等条约，割让了领土150多万平方公里。

到了19世纪末期，八十年代，先后又发生了中法战争，中国未能取得胜利，与法国签订《望厦条约》，进一步丧失主权。九十年代，发生了甲午战争，清政府在战前已经大规模学习西方的先进技术，特别是引进了很多现代化的武器，组建了先进的海军。但是战争的结果是，中国这个泱泱大国被小国日本打败，北洋舰队全军覆没。清政府被迫与日本签订丧权辱国的《马关条约》，割让了台湾岛，为支付战争赔款背负了巨额债务。甲午战争后，中国的民族危机空前加剧，中国人的民族自豪感和自信心丧失殆尽。

1900年，英、法、德、美、日、俄、意、奥等国家合伙，以镇压中国的义和团运动为由，组建联军入侵中国。八国联军攻入北京，迫使慈禧太后和光绪帝逃往西安。最终，清朝政府与11国签订《辛丑条约》，支付庞大的赔款，并丧失多项主权。这次战争后，腐朽的清政府彻底堕落，成为外国列强统治中国，镇压中国人民反抗的工具。这次的赔款数额巨大，清朝政府财政收入全部赔给人家，都要几十年才能赔完！结果使清政府完全沦落为帮助帝国主义收税的工具，收了中国人民的钱，转交给帝国主义。由此可见，八国联军侵华后，中国经济贫困、主权受制于外国，彻底沦为半殖民地半封建社会，国家和民族可以说是到了危急存亡的关头，面临着亡国灭种的危险。

第三讲　岁月峥嵘　伟业复兴

梦想导读

昔日的辉煌和现实的屈辱形成的巨大反差，深深刺痛着中华儿女的心，亡国灭种的危险逼迫中国人民必须行动起来拯救国家和民族。改变悲惨境遇、实现民族复兴这一艰巨的历史任务，摆在了所有中国人面前。鸦片战争后，一代又一代中国人开始苦苦探索救亡图存的道路，各种各样的政治力量前赴后继，各种各样的救亡方案付诸实施。一方面他们开始向西方寻求富国强兵之路，救亡图存和求新抵抗异邦成为社会的主调；另一方面，国力的衰弱也充分暴露了传统文明固有的缺陷，对传统的反思与批判成为强烈的时代呼声。辛亥革命结束了几千年的封建王朝统治，中华文明也开始了新的征程，但真正实现中华民族的伟大复兴，必须完成两大历史任务：一个是求得民族独立和人民解放；一个是实现国家繁荣富强和人民共同富裕，这一重任历史性地落到了中国共产党人身上。

一、洋务运动——统治阶级内部寻求自强梦

洋务运动，是清政府内部实行的一场改良、自强、自救运动。经过鸦片战争的教训，清廷内部一些有识之士认识到要“师夷之长技以自强”，学习西方的工业技术和商业模式，利用官办、官督商办、官商合办等模式发展近代工业，以达到强大军事装备、增加国库收入、增强国力的目的。虽然运动的根本目的是为了维护清政府的封建统治，但是这也属于近代中国救亡图存的一部分，对中国迈

入现代化也奠定了一定的基础。

洋务运动自1861年底开始，至1895年甲午战争结束，持续了近35年。清政府以总理衙门办事大臣恭亲王奕䜣、文祥、沈桂芬等为洋务派的代表势力，地方以曾国藩、左宗棠、沈葆桢、李鸿章、张之洞为代表势力。他们主张学习西方列强的先进技术来自强。洋务运动引进了大量西方18世纪以后的科学技术成果，引进并翻译了大量各类西方著作文献，培养了第一批留学生，打开了西学之门；学习近现代公司体制兴建了一大批工业及化学企业，开启了日后中国的工业发展和现代化之路，是近代中国第一次大规模模仿、实施西式工业化的运动，是一场维护封建皇权前提下由上到下的改良运动。洋务运动使中国出现了第一批近代企业，为中国近代企业积累了生产经验、培养了技术力量，在客观上为中国民族资本主义的产生和发展起到了促进作用，为中国近代化开辟了道路。

然而，洋务运动并没有使中国富强起来，在中日甲午战争中，北洋舰队的全军覆灭，证明了洋务运动的失败。洋务运动发生在中国近代社会新旧交替的特殊历史阶段，是一次失败的封建统治者的自救运动。洋务运动之所以会失败，主要原因有：第一，在不触动腐朽的封建专制的前提下，洋务派试图利用西方资本主义的某些长处来维护封建专制统治，这种嫁接般的改良，使洋务运动注定是不可能成功的。同时，顽固派的激烈阻挠和破坏，也影响了洋务运动的有效开展；第二，洋务派本身的阶级局限性，决定了他们既是近代工业的创办者和经营者，也是压榨者和破坏者，封建衙门和官僚式的体制，必定导致洋务企业的失败；第三，洋务运动的目的之一是抵御外辱，但洋务派在对外活动中，坚持“外须和戎”，对外实行妥协投降政策，根本不能改变中国半殖民地半封建社会的状态；第四，洋务运动缺乏群众性，当时的大多数中国人对此知之甚少，大众思想还基本处于被愚昧迷信和封建礼教束缚的阶段。

二、太平天国运动——农民阶级追寻理想社会梦

鸦片战争后，清政府将大笔军费和巨额赔款全部转嫁给劳动人民。由于五口通商，外国的工业产品涌进中国，质高价廉的工业产品排斥了中国传统的家庭副业和手工业产品，使东南沿海地区的农民和手工业者纷纷破产，失去生计。同时，地主加紧了对农民的盘剥，土地兼并更为严重。清政府的捐税年年增加，使农民不堪重负。在民族危亡之际，农民阶级也迫于生计，开展了救亡图存运动。

1840年至1850年，广东、广西乃至全国许多地区遭受水灾、旱灾、蝗灾连年不断，广大农民家破人亡，陷入绝境。农民反抗斗争多达110次，特别是两广地区，由于受到鸦片战争的直接冲击，社会动荡更为激烈。1851年1月11日，洪秀全在广西桂平县金田村率众起义，建国号“太平天国”。3月，太平军转战武宣东乡，洪秀全正式称“天王”，并初步形式了太平天国政治制度的雏形。1853年1月，太平军攻克武汉三镇，队伍增至50万，声威大振。2月，太平军水陆兼程，沿江东下，连克九江、安庆、芜湖等重镇。3月19日，太平军占领南京，洪秀全进入南京城，宣布改南京为天京，定都天京。太平天国建立了与清王朝相对峙的农民革命政权。为了巩固和

发展胜利成果，太平天国进行了北伐和西征。1856 年上半年，太平军又在天京外围展开了激烈的破围战，先后击破了江北大营和江南大营，在军事上达到全盛。后来发生的天京事变，成为太平天国由盛入衰的转折点。1864 年 6 月，洪秀全病逝。7 月天京陷落。太平天国运动以失败告终。

太平天国坚持战斗 14 年，势力发展到 18 省，是中国近代史上一次伟大的反封建反侵略的农民运动。它建立了政权，颁布了《天朝田亩制度》，试图建立一个“有田同耕，有饭同食，有衣同穿，有钱同使，无处不均匀，无人不饱暖”的理想社会。太平天国还实行男女平等；改革考试制度；对外关系上，坚持独立自主。1859 年，洪仁玕提出的《资政新篇》，具有明显的资本主义倾向。太平天国运动沉重地打击了中外反动势力，是几千年来中国农民战争的最高峰，最终在清政府和外国侵略势力的联合绞杀下失败了。其失败教训同样是非常深刻的，它同所有失败的农民起义一样，没有远大的战略眼光，没有先进的奋斗纲领。这场由千百万群众参加的伟大战争，由于领导集团政治上过早的封建化，组织上不能始终保持领导核心的团结，军事上战略决策一再失误，以及外交上缺乏经验，最终陷于失败之地。实践再一次证明，只是在封建主义道路上原地打转的救亡图存方案，与世界发展潮流相去甚远是根本行不通的。

三、戊戌变法——资产阶级寻求改良救国梦

戊戌变法既是发生于 1898 年（清光绪二十四年）的一次资产阶级改良运动，也是一次爱国救亡的政治运动，还是近代中国第一次思想解放的潮流。

1895 年 4 月，在甲午战争中失败的清政府在日本马关签定了丧权辱国的《马关条约》。消息传到北京，康有为等人联合在北京应试的 1300 多名举人联名上书光绪皇帝，分析当前严峻的形势，力陈危险要害，同时提出拒签和约、迁都抗战和变法图强三项建议，并详

论富国、养民、教民等变法图强的具体措施，史称“公车上书”。“公车上书”被称为维新变法的序幕。在维新人士和一些官员的积极推动下，1898年6月11日，光绪皇帝颁布“明定国是诏”诏书，宣布变法。

这次变法的主要内容是：学习西方先进制度，提倡科学文化，改革政治、教育制度，发展农、工、商业等。其中经济方面主要有：设立农工商总局，开垦荒地；提倡私人办实业，奖励发明创造；设立铁路、矿务总局；鼓励商办铁路、矿业；裁撤驿站，设立邮政局；改革财政，创办国家银行，编制国家预决算。军事方面主要有：严查保甲，实行团练；裁减绿营，淘汰冗兵，采用新法编练陆海军。文教方面主要有：改革科举制度，废除八股，改试策论；改书院和淫祠为学堂；鼓励地方和私人办学，创设京师大学堂，各级学堂一律兼习中学和西学；准许民间创立报馆、学会；设立译书局，翻译外国新书；派人出国留学、游历。政治方面主要有：广开言路，准许各级官员及民众上书言事，严禁官吏阻挠；删改则例，撤消重叠闲散机构，裁汰冗员；取消旗人的寄生特权，准其自谋生计。这些抵制和反对措施有利于民族资本主义经济的发展和资产阶级文化思想的传播，受到维新派和地主阶级开明人士的热烈欢迎。

这次运动遭到以慈禧太后为首的守旧派的强烈反对。在各省，除湖南巡抚陈宝箴外，其他督抚都未能推行新政。在中央，皇亲贵戚、中枢要员，或公开反对新政，或暗中加以阻挠。9月21日，慈禧太后等发动政变，囚禁光绪皇帝，维新派康有为、梁启超分别逃往法国和日本。谭嗣同等6人（戊戌六君子）被杀害，历时仅103天的变法终于失败，因此戊戌变法也叫百日维新。

戊戌变法是中国近代史上具有重大意义的事件，是一次资产阶级改良运动，也是资产阶级变革社会制度的初步尝试。维新派试图在政治上建立资产阶级君主立宪制，在经济上发展民族资本主义，符合历史发展趋势。同时，它是一次爱国救亡的政治运动。在民族危机加剧的时刻，维新派以变法图强、救亡图存为目标，进行广泛的宣传鼓动，希望通过改革使中国走向独立、民主和富强，从而摆脱帝国主义列强的侵略，表现出强烈的爱国热情，激发人民爱国思想和民族意识。戊戌变法也是近代中国一次思想潮流的解放和启蒙运动。资产阶级维新派提倡新学、主张兴民权，对封建思想进行了猛烈的抨击，为近代思想启蒙运动的蓬勃兴起开辟了道路，促进了中国人民的觉醒。维新运动留下的许多遗产，诸如解放思想、变革观念、建立社团、兴办学堂、创办报刊、提倡女学、改易风俗等，更成为中华文明发展史上的宝贵财富。从此，民主主义成为汹涌的社会思潮，极大地改变了中国思想文化界的面貌。

四、辛亥革命——民族资产阶级尝试革命救国梦

清王朝日益腐朽，帝国主义侵略进一步加深，使初步成长起来的中国民族资本主义认识到必须推翻清朝的专制统治，挽救民族于危亡之中，争取国家的独立、民主和富强。

1894 年 11 月，资产阶级革命先驱孙中山在檀香山成立兴中会。此后提出了“驱除鞑虏、恢复中华、创立合众政府”的口号，鲜明地提出了中国资产阶级民主革命的第一个纲领。兴中会的成立，标志着中国资产阶级民主革命运动的开始。此后，思想界愈益活跃，宣传民族主义、民权学说的刊物相继出版，出现了公开倡言革命的新气象。组织革命团体，是资产阶级、小资产阶级知识分子走向革命化的一个重要标志。

1905 年 7 月，孙中山、黄兴、陈天华等 70 余人在东京集会，成立中国同盟会。同盟会确定了“驱除鞑虏，恢复中华，创立民国，平均地权”的 16 字民主纲领，提出以“民族、民权、民生”为核心内容的三民主义。同盟会成立之后，革命派积极发动了多次武装起义，但由于众寡悬殊，起义都失败了，但却有力地冲击了清王朝的统治，扩大了革命影响。

由于中国的各种社会矛盾不断激化，人民群众的反抗斗争持续不断，革命党人不断发动武装起义。1911 年 10 月 10 日晚，新军工程第八营的革命党人打响了武昌起义的第一枪，经一夜苦战，11 日晨革命军占领总督署，全城光复，起义成功。汉阳、汉口也先后为革命军占领。11 日，起义军宣布成立中华民国湖北军政府，公布《中华民国鄂州约法》。它是全国第一个按照资产阶级民主原则拟定的地方宪法。武昌起义的胜利，是亚洲和中国走向民主共和的开端，在中国历史中具有里程碑意义。

武昌起义胜利后的短短两个月内，湖南、广东等十五个省纷纷宣布脱离清政府宣布独立。1912 年 1 月 1 日，中华民国临时政府在南京成立，孙中山被推举为临时大总统。1912 年 2 月 12 日，清帝溥仪退位，清朝灭亡，二百多年清王朝封建统治和两千多年封建帝制结束了。

辛亥革命的成功，为中国先进分子探索救国救民道路拓宽了视野，为中国的进步潮流开启了闸门。从此中国开始走出家族统治和王朝更替的封建社会形态，并在中西方文化的碰撞下，加快了社会经济、政治、文化和人们思想观念、生活方式、行为准则、价值判断、风俗习惯等诸多方面向现代社会的转变。

辛亥革命也有明显的弱点，由于领导这场革命的中国民族资产阶级的力量软弱和在政治上的不成熟，没有形成一个坚强有力的领导核心，提不出一个明确的足以广泛动员占全国绝大多数人口的工农大众参加革命运动的反帝反封建的政治纲领，也由于帝国主义和封建势力在中国统治的力量异常强大，以孙中山为首的南京临时政府仅存三个月就被以袁世凯为代表的北洋军阀政府所取代。因此从根本上看，辛亥革命既未能彻底铲除帝国主义和封建势力在中国统治的根基，也没有改变中国深层的社会结构，更没有改变中国的半殖民地半封建社会性质，从这个意义上讲，辛亥革命没有成功。

五、五四运动——西化图强的文化救国梦

茫茫神州，路在何方？种种救国学说在中国大地应运而生，诸如教育救国、科学救国、实业救国，甚至军国主义救国等学说纷纷出现。在那个昏暗的时代，尤其是帝制对共和的反扑使陈独秀等一大批知识分子意识到，在中国搞单纯的政治革命是没有意义的，要想“救中国、建共和”，首先必须进行思想革命，使人们从封建思想的束缚中解脱出来。一场文化启蒙运动终于在中国展开。

1. 新文化运动

1915 年，陈独秀创办《青年杂志》，倡导民主和科学，揭开新文化运动的序幕，后改名为《新青年》。陈独秀、李大钊、胡适是新文化运动的干将。《新青年》和北大成为新文化运动的主要阵地。1919 年 1 月 15 日，陈独秀在《新青年》上竖起了两杆大旗——德先生和赛先生，“民主”与“科学”成为中国此后十余年间人们耳熟能详的名词，也成为新文化运动和五四运动的旗帜和精神遗产。新文化运动反对专制和愚昧、迷信；提倡新道德，反对旧道德；提倡新文学，反对旧文学。以李大钊为代表的先进分子，竭力宣传马克思主义，为新文化运动增添了新的内容。正是在对民主和科学的不懈追寻中，中国人开始寻找到走出困境的方案。

2. 工人阶级队伍壮大

第一次世界大战期间，美国、日本等国家趁机加紧侵略中国，尤其是日本，已经成为侵略中国的最主要国家，各国的外侵促使中国人民的反帝情绪日益高涨。同时，俄国十月社会主义革命的胜利，也为中国人民指明了解放道路。北洋军阀政府对外大肆出卖国家主权，投靠帝国主义；对内掠夺土地和工矿业，赋税日益沉重，人民负担日益加重；军阀之间混战不断，人民生活苦不堪言。一战期间，帝国主义无暇东顾，使民族工业得到短暂的发展，工人阶级队伍迅速发展壮大，工人罢工斗争频繁发生。这些都为五四运动的爆发奠

定了阶级基础和思想基础。

3. 五四运动爆发

1919年初，解决第一次世界大战善后问题的国际和平会议在法国首都巴黎召开，中国作为“协约国”的一员，也以战胜国的资格出席巴黎和会。中国代表提出：废除帝国主义在中国的一切特权，取消“二十一条”，收回日本在大战时夺取的德国在山东的特权。然而，中国的正义要求遭到无理拒绝。消息传出，引起了全国人民的强烈愤慨。从5月4日上午开始，北京各大学校代表召开会议，游行示威，三千多名学生在天安门集会，高呼“外争主权，内除国贼”“废除二十一条”“拒绝在合约上签字”等口号，并且要求惩办签订“二十一条”的曹汝霖、章宗祥、陆宗舆。愤怒的学生们还烧了曹汝霖的住宅，制造了“火烧赵家楼”事件。以北京学生的游行示威为标志，中国人民反抗帝国主义强权、维护国家主权的五四爱国运动拉开大幕。

北京学生的爱国运动得到全国各地学生的广泛响应，济南、天津、长沙、武汉、上海等地学生纷纷举行集会、罢课。学生们进行了演讲、散发传单、调查日货、介绍国货、成立义勇队等多种爱国活动，运动声势不断壮大。学生的爱国运动很快转变为各个社会阶层广泛参与的全民爱国运动，紧接五四学生运动，上海展开商人罢市、工人罢工、学生罢课的“三罢”运动，以响应北京学生的号召。“三罢”规模不断扩大，人数不断增加，工人罢工的范围遍及纺纱、电车、钢铁、铁路、轮船、码头、市政、印刷等各个行业。随后，全国22个省150多个城市迅速响应。

在民众的巨大压力下，大总统徐世昌连下三令，免去曹汝霖、陆宗舆、章宗祥三人职务，爱国运动取得了重大胜利。北大教授李大钊、陈独秀等到市区向群众散发《北京市民宣言》，要求政府当局拒签合约。接着，全国学生联合会发出反对签字宣言，山东、北京、上海等地民众也举行了拒签合约行动。出席巴黎和会的中国代表最终没有在和约上签字，五四运动取得了最终胜利。

六、新民主主义——千年民族伟大复兴梦

就在北大和《新青年》一起蓬勃发展的时期，十月革命的消息使中国知识界为之一振。正在探索拯救中国方案的一些先进分子翘首北方，把希望寄托在社会主义上。

1. 共产党与优秀的儿女

五四运动之后，工人运动进一步发展，一些站在时代潮头的先进知识分子认识到工人阶级的伟大力量，于是到工人中去宣传马克思主义。工人阶级的觉悟进一步提高，便要求成立能够领导自己斗争的政党。1921 年 7 月 23 日，上海法租界望志路 106 号，一个标志性的会议召开了。中国共产党第一次代表大会讨论通过了中共第一个纲领和决议，此时的中共党员只有 50 多人。第二年的 7 月 16 日，中共二大在上海召开，提出了最高纲领和最低纲领。中国共产党是第一个确立反帝反封建纲领的新兴政党，中共党员从此开始深入到下层劳动群众中去。

共产党自诞生以来，始终高举革命理想的熊熊火炬，英勇悲壮地渡过了无数急流险滩，战胜了一切艰难险阻。没有坚定不移的理想信念，就没有党和党的一切。

什么是共产党人的理想信念呢？共产党人的最高理想和最终目标是实现共产主义。共产主义理想不仅为我们构筑了人类历史上最美好、最合理的社会制度，还提供了其他任何信仰都无可比拟的科学世界观、价值观和人生观。党在艰苦卓绝的革命历程中，涌现出了一大批信念如钢、意志如铁的优秀儿女，他们对理想信念的不懈追求和实践，充分体现出了共产党人的先进性。

狼牙山五壮士依托险要地形与 3000 多名日寇周旋，最后子弹打光把枪砸断，毅然跳下悬崖；东北“抗联”的八名女战士，为掩护部队转移而被敌人包围，视死如归，投江自尽；董存瑞、邱少云、

黄继光，用自己的血肉之躯，为战友打开了胜利之门……两万五千里长征，就是一场理想与信念的伟大胜利，一群血肉之躯的红军战士在极端艰难困苦下，穿越黑暗与死亡，走向光明与胜利，靠什么？“是坚定不移的理想信念。”张闻天说：“没有理想，红军连一千里都走不了”。方志敏就义前豪迈地宣告：“敌人只能砍下我们的头颅，决不能动摇我们的信仰”；江姐在酷刑面前大义凛然：“竹签是竹子做的，但是共产党员的意志是钢的”；刘胡兰在血淋淋的铡刀面前正告敌人：“怕死就不当共产党”……伟大的共产主义运动先驱李大钊，在敌人的绞刑架下，大义凛然：“不能因为你们绞死了我，就绞死了共产主义！我们已经培养了很多同志，如同红花的种子，撒遍各地！我们深信，共产主义在世界、在中国，必然要得到光荣的胜利！”夏明翰烈士被捕时仅 28 岁，临刑前大义凛然地写下一首壮丽诗篇：“砍头不要紧，只要主义真。杀了夏明翰，还有后来人！”是什么使这些革命烈士临危不惧、视死如归呢？就是因为他们胸怀着“试看将来的环球，必是赤旗的世界”的信念。

2. 枪杆子里面出政权

波澜壮阔的农民运动让毛泽东得出结论：“农民问题乃国民革命的中心问题。”然而，建立在战友血肉之上的所谓“宁汉合流”，完全抛弃了孙中山先生联俄、联共、扶助农工的三大政策。革命叛变者手起刀落，上演了中国历史上又一幕丑剧——军事北伐、政治南伐。从 1927 到 1928 年间，被杀害的共产党员达 2.6 万人、群众近 30 万人。曾经蓬勃开展的农民运动被镇压下去。现实给年轻的中国共产党人上了残酷的一课。毛泽东意味深长地说：“枪杆子里面出政权。”中国革命的希望在哪里？城市还是农村？1927 年 9 月，毛泽东领导秋收起义，迈出了中国共产党以农村包围城市这一战略的关键一步。随后朱德、毛泽东在井冈山会师。1929 年 2 月，红军成功开辟了赣南、闽西两块根据地，随后，这里成为中央革命根据地。

随着实践的深入，毛泽东日益认识到中国革命的精髓：农村工作是第一步，城市工作是第二步。“农村包围城市，武装夺取政权”意味着中国共产党人在失败的悲痛和不屈的奋斗中找到了前行的道路。此时的中国出现了赣南、闽西、湘鄂西、鄂豫皖等革命根据地，另有10余个较小根据地散布各地。1930年初，工农红军已达7万余人，地方武装达10万余人。星星之火，已成燎原之势。

3. 历尽艰辛，新中国成立

九一八事变后，民族矛盾不断升级，革命形势发生重大变化。1935年1月，党中央政治局在遵义举行会议，确立了毛泽东在红军和党中央的领导地位。在日本帝国主义加紧侵略中国、民族危机空前深重的关头，以毛泽东为首的党中央制定并实行了抗日民族统一战线政策。党领导了“一二·九”学生运动，掀起了要求停止内战、抗日救亡运动的高潮。1936年12月，国民党爱国将领张学良和杨虎城在中国共产党抗日民族统一战线政策的感召下，发动了西安事变。中国共产党促成这次事变的和平解决，胜利地实现了从国内革命战争到抗日民族解放战争的转变。

卢沟桥事变后中国革命进入抗日战争时期，国共也实现了历史上的第二次合作，形成了抗日民族统一战线。但在整个抗日战争时期，两条对立的抗战路线却贯穿整个过程。1938年10月，抗日战争进入相持阶段。国民党消极抗日、积极反共，先后掀起三次反共高潮。但共产党“坚持抗战、反对投降，坚持团结、反对分裂，坚持进步、反对倒退”，在“三个坚持、三个反对”的理论指导下打退了国民党的反共高潮。1945年5月，欧洲战场的反法西斯斗争取得了最后的胜利。8月，苏联政府对日宣战，出兵中国东北，摧毁了日军的精锐部队关东军。之后，八路军、新四军以及其他人民军队坚决消灭了拒绝投降的敌人。8月15日，日本政府宣布在中国战区无条件投降，9月9日在南京举行签字仪式，侵华日军在投降书上签字，至此，中国共产党领导中国人民的八年抗日战争取得了最后胜利。

抗日战争胜利后，中国人民同美帝国主义支持的国民党反动派的矛盾上升为中国社会的主要矛盾。1946 年 7 月，全面内战爆发。1947 年刘邓大军强渡黄河，挺进大别山区，揭开了人民解放战争战略进攻的序幕。经过一年多的战斗，敌我双方力量对比发生重大变化，以毛泽东为首的党中央抓住有利战机。1948 年 9 月起，先后组织了举世闻名的辽沈、淮海、平津三大战役，国民党反动军队的主力基本被消灭，大大加速了人民解放战争的胜利。在革命即将取得全国胜利的前夕，毛泽东发出“将革命进行到底”的伟大号召。1949 年 4 月，人民解放军占领南京，统治中国 22 年的国民政府宣告覆灭。

随着人民解放战争的节节胜利，建立新中国的条件逐渐成熟。10 月 1 日，天安门广场举行了隆重的中华人民共和国开国大典。毛泽东在天安门城楼上向全世界庄严宣告：“中华人民共和国中央人民政府今天成立了！”“占人类总数四分之一的中国人从此站立起来了！”

新中国的成立，标志着中国历史进入一个新纪元。历经了百年的屈辱和奋斗，中华民族的复兴之路终于踏上了新的征程，民族复兴的伟大梦想终于翻开了崭新的一页。

梦想拓展

通过学习本节内容，想一想，为什么除了新民主主义革命外，其他救亡图存运动和尝试都以失败而告终呢？

阅读链接

孙中山的“中国梦”

著名历史学家、中国人民大学李文海教授谈到：“孙中山是第一个把‘中国梦’凝聚成政治纲领、政治追求的人。”

李文海教授对孙中山的评价概括为四个第一：

第一个把“中国梦”凝聚成政治纲领、政治追求的人；

第一个跳出即成体制（封建君主制）寻求中国道路的人；

第一个明确提出国家权力属于人民，把掌握政权的人成为“公仆”的人；

第一个认识到只有改变政治体制才能解决国家富强、人民富裕、实现民族复兴的人。

这四个第一的评价，不禁让人眼前耳目一新。李教授在进一步的阐释中讲到：“以孙中山为代表的资产阶级革命派，热诚希望国家的繁荣昌盛和人民的普遍幸福，对现代化怀着强烈的追求。孙中山曾经无数次以无限憧憬和充满自信的口吻，描述过自己祖国的美好未来。”

1904年，中山先生在给美国人民的一封信中说：“一旦我们革新中国的伟大目标得以完成，不但在我们美丽的国家将会出现新纪元的曙光，整个人类也将得以共享更为光明的前景。普遍和平必将随中国的新生接踵而至。一个从来也梦想不到的宏伟场所，将要向闻名世界的社会经济活动而敞开。”李教授认为，这就是对孙中山的“中国梦”向往最好的表达。

第四讲　中国梦想　时代蓝图

梦想导读

经过百年的耻辱史，中国人民又重新站了起来，尤其是改革开放以来的发展，使人民看到了中华民族的伟大复兴有了真正实现的现实基础。而实现中华民族的伟大复兴，就是中华民族近代以来最伟大的梦想。中国梦有着深刻内涵、科学含义和时代特征，需要我们深刻地去解读。同时，中国梦归根到底是人民的梦，是现实的梦，包括个人尊严的维护、社会保障的到位以及安居乐业的实现等各个方面。作为祖国未来的希望，即将走向工作岗位的中职中专青年学生的中国梦又多了一层含义，中国梦在召唤着我们前进，我们要助推中国梦早日实现。

一、中国梦的内涵

每个人都有自己的梦想，每个民族也都有自己的梦想，我们中华民族的梦就是“中国梦”。2012 年 11 月 29 日，中共中央总书记习近平带领新一届中央领导集体参观中国国家博物馆“复兴之路”展览现场时，这样定义“中国梦”：“实现中华民族伟大复兴，就是中华民族近代以来最伟大的梦想！”之后，习总书记又多次在不同场合提到中国梦。2013 年 3 月 7 日，在十二届全国人大一次会议闭幕会上发表“就任宣言”时，9 次提及“中国梦”，并做了系统阐述。3 月 17 日，在接受金砖国家媒体联合采访时指出，要通过和平路径实现“中国梦”。3 月 23 日，在莫斯科国际关系学院演讲中提出，“中国梦”同时造福世界。3 月 26 日，访问非洲时在坦桑尼亚演讲中强调，要共同缔造繁荣世界梦。5月4日，在“五四主题团日”活动座谈会上，习近平总书记说：“中国梦是历史的、现实的，也是未来的。中国梦凝结着无数仁人志士的不懈努力，承载着全体中华儿女的共同向往，昭示着国家富强、民族振兴、人民幸福的美好前景……中国梦是我们的，更是你们青年一代的。中华民族伟大复兴终将在广大青年的接力奋斗中变为现实。”

何为中国梦的具体内涵呢？不同人会有不同答案。有人认为“民主充分、法治昌盛、权利神圣、国富民强”，乃至“人的自由全面发展”等，皆为“中国梦”的应有之义；有人认为“必须实现农业现代化、新型工业化、城镇化和第三产业的发展”；有人认为“要让中国梦成为每个中国人的梦，而不是一部分人或少数人的梦，要创造一个公平正义的制度环境”，等等。这些梦想说法，都是中国梦的一部分，凝聚了几代中国人的夙愿，体现了中华民族和中国人民的整体利益，是中华儿女的共同期盼。

1. 深刻内涵

有所思即有所梦，梦的内容反映的是追求，体现的是抱负。在中华民族伟大复兴的背后，是千年的回响、百年的渴望。中华民族有着悠久灿烂的文明，长期居于世界文明发展的先进行列。但近代以来，在西方坚船利炮的侵略下，中华民族遭受了深重苦难、付出了重大牺牲，辉煌不再、尊严难立，中华儿女也从此开始了百年“中国梦”的辛苦求索、艰难追寻。对近现代中华儿女来说，实现中华民族伟大复兴绝不仅仅是一句豪言壮语，而是有着十分深刻的内涵，这就是让国家更强盛、人民更幸福，中华民族对世界作出更大的贡献。实现这样的梦想，需要长期不懈奋斗，需要分阶段推进。当前，我国已经进入全面建成小康社会的决定性阶段，实现“中国梦”相应地呈现出与这一阶段相适应的新内涵。

（1）从国家实力看

“中国梦”就是要实现综合国力的进一步增强。综合国力的强弱，反映着一个国家的发展水平，决定着它满足国民需求、解决国内问题的能力，也在根本上决定着其国际地位和作用。综合国力达到的高度，决定着国民梦想实现的程度。“中国梦”的第一要义，就是实现综合国力进一步增强。自2010年以来，我国的经济总量已跃居世界第二位，但人口多、底子薄、发展很不平衡的状况并未得到根本改观，经济、科技仍将长期面临西方发达国家占优势的压力。在这样的形势下，党的十八大提出了到2020年发展的目标：经济持续健康发展，国内生产总值和城乡居民人均收入比2010年翻一番，科技进步对经济增长的贡献率大幅上升，进入创新型国家行列，人民民主不断扩大，文化软实力显著增强，人民生活水平全面提高，资源节约型、环境友好型社会建设取得重大进展等。这些目标构成现阶段实现“中国梦”的基本要求。

（2）从幸福指数看

“中国梦”就是要实现人民幸福感的进一步提升。幸福指数是对人们幸福感的量化，是人们根据一定价值标准对自身生活状态所作的满意度方面的评价。共产党坚持全心全意为人民服务的根本宗旨，党领导人民实现“中国梦”的根本目的就是实现好、维护好、发展好最广大人民根本利益，进而提升全社会的幸福指数。有研究认为：当收入水平比较低的时候，人们的幸福指数会随着收入增长而增长。人均GDP超过5000美元后，一些非物质因素对人们幸福感的影响就会越来越大，提升幸福指数必须综合考量、统筹兼顾。2011年，我国人均GDP达到5432美元，提升人民幸福指数成为更加复杂的系统工程。党的十八大着眼于提升人民的幸福指数，在强调2020年城乡居民人均收入比2010年翻一番的同时，将“坚持维护社会公平正义”“坚持走共同富裕道路”“坚持促进社会和谐”纳入夺取中国特色社会主义新胜利的基本要求中，将“保障和改善民生”作为社会建设的重点，等等。这给“中国梦”涂上了浓重的幸福底色。

（3）从文明形态看

“中国梦”就是要实现中华文明的进一步演进。中华文明是世界上唯一几千年连续不断、传承至今的文明，为人类文明发展作出了巨大贡献。但中华文明曾经长期处于封建时代，其主要形态是农耕文明。党领导人民在实现“中国梦”的征程中，从根本上跨越农耕文明形态，实现了中华文明质的飞跃。当前，我国已经进入工业化中期阶段，初步完成农耕文明向工业文明的过渡。党的十八大强调：“坚持走中国特色新型工业化、信息化、城镇化、农业现代化道路，推动信息化和工业化深度融合、工业化和城镇化良性互动、城镇化和农业现代化相互协调，促进工业化、信息化、城镇化、农业现代化同步发展。”同时，党的十八大将中国特色社会主义总体布局从经济、政治、文化、社会建设“四位一体”发展为包括生态文明建设的“五位一体”，这标志着中华文明格局涵盖了物质文明、政治文明、精神文明、社会文明和生态文明。坚定不移实现这样的“中国梦”，中华文明必将放射出更加灿烂的光芒。

（4）从价值追求看

“中国梦”就是要实现每个人的全面发展。“中国梦”具有多个维度。实现“中国梦”，不是增强国家实力的单项推进，而是国家、民族、社会、个人的多维发展。在实现“中国梦”的实践中，中国共产党认真汲取社会主义建设正反两方面的经验，坚持立党为公，执政为民，坚持以人为本，尊重人民主体地位，不断促进人的全面发展。党的十八大明确把“促进人的全面发展”纳入中国特色社会主义道路的内涵，并强调“不断在实现发展成果由人民共享，促进人的全面发展上取得新成效”。这标志着中国特色社会主义把实现人的全面发展作为终极价值追求，必将极大提高“中国梦”的吸引力、凝聚力和感召力。

2. 目标参照

中国梦是实现中华民族伟大复兴，以下有两个重要参照系可以帮助我们了解这个美好愿景。

(1) 两个百年的发展战略

即中国共产党成立100年时全面建成小康社会，新中国成立100年时建成富强、民主、文明、和谐的社会主义现代化国家。第一个百年发展战略，党的十八大报告作了专章阐释。第二个百年发展战略，就是赶上中等发达国家水平，基本实现社会主义现代化。此后的奋斗目标是什么？联系到毛泽东在1962年讲的“要赶上和超过世界上最先进的资本主义国家，没有100多年时间我看是不行的”设想，联系到邓小平在制定三步发展战略时讲的“到21世纪中叶接近世界发达国家水平”的构想，不难得出结论，在本世纪中叶赶上中等发达国家水平之后，应当是接近、赶上和超过世界最发达的国家。显然，这是一个更长远的目标。

(2) 中华民族在历史上的兴盛状况

古代中国的盛世有两个重要标识。

一是疆域版图特别辽阔。从汉武帝始，疆域版图就已经很辽阔了。唐朝的盛世疆域版图达1000多万平方公里。元世祖忽必烈开辟的元帝国，其疆域版图逾越汉唐，达到古代中国的极致，面积约为1500多万平方公里。清康熙年间设立台湾府，使古代中国疆域版图的最后定格为1300多万平方公里，包括台湾和南海诸岛。清帝国中央政府对各地的管辖权和控制力达到了封建社会的最大值。

二是对世界文明的贡献特别巨大。16世纪以前，影响人类生活的重大科技发明约有300项，其中175项是中国人的发明。正是这些重大的发明（包括发现），使中国的农耕、纺织、冶金、手工制造等技术长期处于世界先进水平。直到18世纪末期，中国的经济规模仍然是世界上最大的，相当于刚刚过去的上个世纪末期美国经济总量在世界经济总量上的比重。对外贸易长期出超，当时西方国家中最富强的英国销往中国的商品总值，尚不足以抵消中国卖给英国的茶叶一项。全世界50万以上人口的大城市当时共有10个，中国就占了6个。

3. 实现中国梦的科学含义

（1）实现中国梦，是中华民族万众一心、努力奋斗的共同理想。

中国梦不是一般意义上的梦想，而是一种特定的、整体性的思想意识和目标指向，是思想意识和目标指向的高度融合统一，是中华民族正在万众一心、努力奋斗的共同理想。每个人、每个民族、每个国家都有自己的梦想，但梦想并不一定都能成为现实，有些梦想最终只是一种潜意识的模糊不清的意象，有些只是只言片语的零散的思想。梦想只有成为一种清晰的思想意识和坚定的理想信念，才能走上向现实转化的道路。梦想一旦成为人民群众的思想共识和具体行动，就决定和引领着社会发展的方向。一个国家或民族的梦想，一旦付诸行动，就会成为一种神圣的国家意志、民族意志，就会成为不可抗拒的变革社会的伟大力量，并创造出让世界景仰和称颂的人间奇迹。

在当代中国，中国梦具体的实现形式就是建设中国特色社会主义。党的十八大指出，建设中国特色社会主义的总任务，是实现社会主义现代化和中华民族伟大复兴。建设中国特色社会主义，把我国建设成为富强民主、文明和谐的社会主义现代化国家，是当代中国最大的政治任务，是全党全国各族人民共同的理想和奋斗目标。党的十八大把这一总目标具体分解为两个百年目标。第一个是到中国共产党成立 100 年时全面建成小康社会，第二个是到新中国成立 100 年时建成富强、民主、文明、和谐的社会主义现代化国家。两个百年的奋斗目标，具体勾勒出了中国特色社会主义的宏伟蓝图，成为实现中国梦的里程碑式的标志。可以说，提出中国梦进一步强化了近代以来中华民族从传统向现代转型的自觉意识，表明了我们党对近代以来中国革命、建设道路所蕴含的价值方向的坚守，同时进一步强化了改革开放以来我国一直恪守的发展道路和奋斗目标，即建设中国特色社会主义、到 21 世纪中叶基本实现社会主义现代化。这是对历史和现实的深刻把握，是对中国社会发展规律的自觉尊重，是对中国社会发展方向的庄重申明。中国梦，寄托着中华民族永不褪色的集体记忆和昂扬向上的意志情怀，昭示着中华民族崇高的目标理想和美好的未来。

（2）实现中国梦，是为人类文明作出更大贡献的雄心壮志。

“穷则独善其身，达则兼济天下”，是中华民族基本的文化心理，也是中华民族的优良传统和优秀品德。这种传统基于中华民族与其他民族和谐共生、相互包容、互为一体的整体性思维和世界观。正是基于这样的思维和世界观，中华民族从来不敢忘记对世界发展的责任，并时刻以这样的责任要求自己、鞭策自己。也正是基于这样的思维和世界观，在过去 2000 年的绝大部分岁月里，中国的综合国力一直领先于世界，中华民族一直对世界其他民族作着自己巨大的独有的贡献。对于中国的贡献，英国哲学家培根、罗素，历史学家汤因比，科学家李约瑟等西方有识之士，都给予了高度评价。只是在最近不到 200 年的时间里中华民族对世界的贡献被西方野蛮的侵略和掠夺打断，中华民族陷入积贫积弱的境地，落在西方国家的后边。

比如科技水平，中国的总体科技水平与世界发达国家科技的总体水平相比落后许多，因而对人类贡献的份额比起古代中国来说也小了许多。实现中华民族的伟大复兴，就是要对人类文明作出尽量大的贡献。毛泽东在上个世纪说：“6 亿人口的国家，在地球上只有一个，就是我们。过去人家看不起我们是有理由的。因为你没有什么贡献。我们这个国家要建设起来，完全改变过去 100 多年落后的那种，赶上世界上最强大的资本主义国家。如果不是这样，那我们中华民族就对不起全世界各民族，我们对人类的贡献就不大，我国现在的人口翻了一番还多，对人类的贡献要更大，任务就更加艰巨。”

（3）实现中国梦，是与世界其他民族和平共处理念的真实体现

历史表明，迄今为止的西方大国的崛起，无一不是以殖民扩张和掠夺为基本实现形式，战争通常是大国崛起的基本手段。基于这样的历史，西方一些国家对于中国的崛起多存狐疑，并时而大唱中

国威胁论、时而又唱中国崩溃论的神经错乱般的胡言乱语，有的国家甚至仍抱着冷战时期的落后思维，企图围堵甚至遏制中国梦的实现。但中国梦的实现不只是简单的大国崛起，不以通过殖民掠夺或输出价值观为实现手段。历史还将表明，那些以西方历史观判断中国崛起而得出的结论和采取的行动，是错误的。判断中国的崛起不能基于西方的历史观，而只能基于中国历史的发展，这样得出的结论才符合中国社会发展的基本逻辑。中国梦的实现，不同于以往的大国崛起，而是基于中华民族爱好和平、珍惜和平、维护和平的优良传统、美好愿望和坚定意志，是以和平发展、科学发展为基本路径和基本方式。中国的发展不是建立在掠夺和侵犯他国利益的基础上，中国梦的实现也不体现在版图疆域的扩大上，而是与其他国家和民族携手发展、和谐发展、共同发展、共享繁荣。我们党和国家的领导人多次重申，中国永远不称霸、不侵略别国。因此，那种对我们国家实现中华民族伟大复兴散布“中国威胁论”的言论是没有根据的。

（4）实现中国梦，是植根于中华民族精神的价值追求

提到中国梦，许多人联想到美国梦。有的人甚至把中国梦简单地等同于美国梦。其实，中国梦与美国梦有着根本的不同。美国梦的核心是实现个人的价值，即通过个人奋斗实现美国倡导的自由、民主核心价值观，个人主义是美国梦的思想基础和灵魂。中国梦则不然，中国梦的核心是实现集体或整体的价值，是通过集体即全体中华儿女的共同奋斗实现中华民族共同的理想，个人的梦想是共同理想的具体表现和组成部分。中国梦的思想基础和灵魂是集体主义，中国梦有着深刻的文化背景、历史积淀和现实依据。

从文化背景来看，中华文化蕴含着极为丰富的追逐梦想的精神，这种追逐梦想的精神是中华民族精神的重要内容，是中华民族生生不息、刚健有为的强大精神动力。从历史积淀来看，中国梦不是重塑汉代雄风、大唐伟业，也不是再造康乾盛世，而是完成中华民族从传统向现代的转型，这个转型的本质是现代性的不断累积和生长。

中国的现代转型与西方的现代化道路和现代化体制有着根本的不同。中国梦，不是复兴封建帝国的旧梦，也不是食洋不化的他国梦，而是基于中华民族从传统向现代转型实践的现代梦。从现实依据看，中国梦基于中国共产党的正确领导和建设中国特色社会主义的成功实践。这些都体现了中华民族精神的价值追求。

（5）实现中华民族伟大复兴，需要长期艰苦奋斗的历史过程

实现中华民族伟大复兴，既有着辉煌灿烂的前景，也是中国共产党矢志不渝的奋斗目标，又是一个长期艰苦奋斗的历史过程。按照党和国家的长远规划，到本世纪中叶，基本实现现代化后，尽管赶上和达到中等发达国家水平，但与世界上最发达的国家相比还有不小的差距。换言之，对人类文明的贡献率仍然有限。因此，实现中华民族伟大复兴是一个长期的历史过程。邓小平指出：“巩固和发展社会主义制度，还需要一个很长的历史阶段，需要我们几代人、十几代人，甚至几十代人坚持不懈地努力奋斗。实现中华民族伟大复兴，应当是与巩固和发展社会主义制度同步的过程。”这就是说，它是需要中华民族的子子孙孙，不断接力奋斗的更伟大的愚公移山式的工程。习近平主席指出：“实现中华民族伟大复兴是一项光荣而艰巨的事业，需要一代又一代中国人共同为之努力。”十八大报告说得好：“只要我们胸怀理想、坚定信念，不动摇、不懈怠、不折腾，顽强奋斗、艰苦奋斗、不懈奋斗，就一定能在中国共产党成立一百年时全面建成小康社会，就一定能在新中国成立一百年时建成富强、民主、文明、和谐的社会主义现代化国家。”

二、中国梦的时代解读

实现中华民族伟大复兴，就是中华民族近代以来最伟大的梦想。这一时代解读，既饱含着对近代以来中国历史的深刻洞悉，又彰显了全国各族人民的共同愿望和宏伟愿景，为全国人民开创未来指明了前进方向。2013 年 3 月 17 日，习近平主席在第十二届全国人民代

表大会第一次会议上又再一次指出“实现全面建成小康社会，建成富强、民主、文明、和谐的社会主义现代化国家的奋斗目标，实现中华民族伟大复兴的中国梦，就是要实现国家富强、民族振兴、人民幸福”，这既深深体现了今天中国人的理想，也深深反映了先人们不懈奋斗追求进步的光荣传统。

1. 实现中国梦必须走中国道路

实现中国梦必须走中国道路，必须走中国特色社会主义道路，必须弘扬中国精神，必须凝聚中国力量。中国特色社会主义道路是在改革开放 30 多年的伟大实践中走出来的，是在中华人民共和国成立 60 多年的持续探索中走出来的，是在对近代以来 170 多年中华民族发展历程的深刻总结中走出来的，是在对中华民族 5000 多年悠久文明的传承中走出来的，这样的深厚历史渊源和广泛现实基础，使中国道路展现出旺盛的生命力，极大地增强了 13 亿人民的民族自信心和自豪感。中华民族是具有非凡创造力的民族，我们创造了伟大的中华文明，我们也能够继续拓展和走好适合中国国情的发展道路。全国各族人民一定要增强对中国特色社会主义的理论自信、道路自信、制度自信，坚定不移沿着正确的中国道路奋勇前进。

2. 实现中国梦必须弘扬中国精神

人总是需要一点精神的，一个国家和民族更是这样。没有人的精神的有力支撑，就没有全民族精神力量的充分发挥，一个国家一个民族就不可能屹立于世界民族之林。实现中国梦，要有以爱国主义为核心的民族精神，以改革创新为核心的时代精神。这种精神是凝心聚力的兴国之魂、强国之魂。爱国主义始终是把中华民族坚强团结在一起的精神力量，改革创新始终是鞭策我们在改革开放中与时俱进的精神力量。鲁迅说过，“唯有民魂是值得宝贵的，唯有他发扬起来，中国才有真进步。”全国各族人民一定要弘扬伟大的民族精神和时代精神，不断增强团结一心的精神纽带、自强不息的精神动力，永远朝气蓬勃迈向未来，不断开创中国特色社会主义新局面。

3. 实现中国梦必须凝聚中国力量

中国力量就是中国各族人民大团结的力量，就是13亿人心往一处想、劲往一处使，汇集起来的力量。个人梦想可能千差万别，但在实现国家梦想的征程上，同心同德、群策群力，就有无坚不摧的磅礴力量，这就是中国各族人民大团结的力量。中国梦是民族的梦，也是每个中国人的梦。只要我们紧密团结、万众一心，为实现共同梦想而奋斗，实现梦想的力量就无比强大，我们每个人为实现自己的梦想的努力就拥有广阔的空间。生活在我们伟大祖国和伟大时代的中国人民，共同享有人生出彩的机会，共同享有梦想成真的机会，共同享有同祖国和时代一起成长与进步的机会。有梦想、有机会、有奋斗，一切美好的东西都能够创造出来。全国各族人民一定要牢记使命，心往一处想、劲往一处使，用13亿人的智慧和力量汇集起不可战胜的磅礴力量。

4. 实现中国梦必须构筑发展根基

梦想要激发力量、鼓励奋斗，离不开现实的深厚基础；梦想要开花结果、落地生根，更有赖于现实的强力支撑。要坚持发展是硬道理的战略思想，不断夯实实现中国梦的物质文化基础。伟大的梦想源于现实的土壤。中国梦逐渐成形的过程，也是中国不断发展前行的过程。只有通过不断发展，才能让梦想成为现实。国家富强、民族振兴、人民幸福的中国梦，体现在国家物质硬实力和文化软实力的提升上，体现在更好的教育、更稳定的工作、更满意的收入等实打实的民生红利中。改革开放30多年来，我国经济社会发展保持旺盛活力，综合国力、社会生产力、人民生活水平得到极大提升，这是中国梦最坚实的基础，让我们能充满自信地向着现代化建设目标稳步前行。

5. 实现中国梦必须持续改善民生

共筑中国梦，需要经济社会的不断发展，需要民生的持续改善，这是复兴之本、梦想之基。从“贫穷不是社会主义”到“共同富裕”，从“发展是硬道理”到“全面建成小康社会”，几十年来，发展经济、改善民生，始终是党和政府最重要的工作。中国改革发展的历程，正是在倾听人民呼声、回应人民期待中不断深化的，也必将沿着这个方向继续推进，不断实现好、维护好、发展好最广大人民根本利益，让老百姓得到更多好处。中国梦，是对公平正义的向往，也是对改善生活的渴望。这些年来，无论是城乡居民收入持续增长、社会保障网初步建立，还是医疗、教育等方面不断向前的改革，人民群众的幸福指数不断提高。农业税免除了，义务教育免费了，职工工资增加了，城市低保标准提高了，农民有了基本医疗保障，收入分配制度改革基本思路形成……从生活质量到生态环境，各级政府通过坚持不懈的努力，拓展着民生工作的内涵与外延。这种着眼于人的全面发展的“大民生”观，让亿万人民逐步共享发展成果。

6. 实现中国梦必须走和平发展道路

坚持和平发展，是实现中国梦的根本保证，是我们始终不变的战略抉择。中华民族是爱好和平的民族。近代以来的列强入侵和连年战乱，将中华民族拉进苦难的深渊，留下刻骨铭心的惨痛记忆。迈上复兴之路的中国人民怕的就是动荡，求的就是稳定，盼的就是世界和平。以和平推动发展，以发展捍卫和平，中国的发展打破了“国强必霸”的传统模式，为赶超之路提供了另一种可能。倡导不同文明开展对话、彼此包容，推动不同社会制度和发展模式相互借鉴、共同发展，未来的道路上，中国梦必将进一步焕发出中华文明的独特魅力。中国梦是复兴之梦、发展之梦，也是和谐之梦、和平之梦。坚持和平发展，是实现中华民族伟大复兴的必由之路。一个和平发展的中国，终将完成民族复兴伟业，也终将成为世界持久和平与共同繁荣的保障。

7. 实现中国梦必须不断为人民造福

在中国梦的丰富内涵中，“人”无疑是关键要素。“中国梦归根到底是人民的梦，必须紧紧依靠人民来实现，必须不断为人民造福。”习近平主席的重要讲话阐明了中国梦的核心价值，也指明了中国梦的动力源泉。国家富强、民族振兴、人民幸福，中国梦勾勒出的美好图景，最终统一于人民梦的历史语境。“大河没水小河干”，近代中国的百年奋斗，不断证明着一个朴素道理，国家好、民族好，大家才会好。在实现民族复兴的征程中，唯有将个人之梦寄托于国家之梦、民族之梦，梦想才有成真的可能。中国梦，最终是由一个个鲜活生动的个体梦想汇聚而成。更好的教育、更稳定的工作、更满意的收入、更可靠的社会保障、更高水平的医疗卫生服务、更舒适的居住条件、更优美的环境……人民对美好生活的向往，对人生出彩机会的渴望，正是中国梦最富生命力的构成。

8. 实现中国梦必须坚持党的领导

追求梦想离不开正确的方向，团结奋斗更需要引领的力量。“中国共产党是领导和团结全国各族人民建设中国特色社会主义伟大事业的核心力量，肩负着历史重任，经受着时代考验”，习近平主席的重要讲话，指出了党的领导对于实现中国梦的极端重要性，提出了全面加强党的建设的时代课题。作为“中华号巨轮”的“掌舵者”，把国家建设得更好、让人民生活得更好是中国共产党人的永恒目标。今天的中国，机遇和挑战前所未有，改革与发展不进则退。我们比任何时候都更接近民族复兴的中国梦，在实现中国梦的新征程上，一个信仰坚定、坚强有力、清正廉洁的党，必将团结带领全国各族人民开创更加美好的未来。

9. 实现中国梦必须坚持信念

“有梦想就有希望，有信念就有力量。”这是很多人经受磨砺后奋起的呼喊，更是我们民族走过几千年沧桑岁月而巍然屹立的写照。实现中华民族伟大复兴的中国梦，就是要实现国家富强、民族振兴、人民幸福。中国梦鲜明揭示无数先贤先辈为之奋斗的理想信念，为我们这代人自觉担当使命、同心共筑中国梦指明了前进方向。放眼过去的30多年、60多年，乃至近代以来的170多年，引导无数中华儿女进行非凡奋斗的，正是对梦想的追求、对使命的担当，使神州大地发生了沧桑巨变。也正是在这一梦想的接力奋斗中，今天的人民共和国实现了经济体制的历史性变革、经济总量的大幅度跃升，中华民族复兴迎来了前所未有的光明前景，亿万人民生活实现了从温饱不足到总体小康的历史性跨越，正向全面小康大踏步迈进。沿着中国特色社会主义道路同心共筑中国梦，我们这代人定能不负历史重任、担起时代使命，为中华民族迎来一个更好的明天。

三、中国梦的时代特征

“中国梦”的本质内涵是实现国家富强、民族复兴、人民幸福和社会和谐。当代中国所处的发展阶段，决定了全面建成小康社会是“中国梦”的根本要求，相应地，“中国梦”也呈现出这个阶段的诸多重要时代特征。

1. 综合国力进一步跃升的“实力特征”

“中国梦”的第一要义，就是实现综合国力进一步跃升。如今，我国经济总量已跃居世界第二位，但人口多、底子薄、发展很不平衡的状况并未根本得到改变。党的十八大描绘了到2020年的宏伟目标，小康社会全面发展：经济持续健康发展，国内生产总值和城乡居民人均收入比2010年翻一番，科技进步对经济增长的贡献率大幅上升，进入创新型国家行列，人民民主不断扩大、文化软实力显著增强。这一指标体系，构成了现阶段“中国梦”的基本图景。

2. 社会和谐进一步提升的“幸福特征”

党领导全国各族人民共圆“中国梦”的根本目的，就是要实现好、维护好、发展好最广大人民的根本利益，进而提升全社会的幸福指数。提升幸福指数是个复杂的系统工程，既要考虑物质因素，又要考虑非物质因素，从根本上讲，就是要进一步提升社会和谐的水平。党的十八大着眼于提升人民的幸福指数，将“坚持维护社会公平正义”“坚持走共同富裕道路”“坚持促进社会和谐”纳入夺取中国特色社会主义新胜利的基本要求中，将“保障和改善民生”作为社会建设的重点，等等。这些和谐因素的充实，对“中国梦”的阶段性特征做了更为清晰的描绘，也为“中国梦”增添了更加美丽的幸福光环。

3. 中华文明在复兴中进一步演进的“文明特征”

中华文明是世界上唯一几千年不断延续、传承至今的文明，但要体现现代文明色彩，就必须超越数千年来创造的农耕文明形态。党的十八大将中国特色社会主义总布局从经济、政治、文化、社会建设“四位一体”升华为包括生态文明建设的“五位一体”，标志着中华文明格局开启了向物质文明、政治文明、精神文明、社会文明和生态文明全面发展的更高阶段演进的新里程。坚定不移地推进“中国梦”的实现，中华文明必将放射出更加灿烂的光芒。

4. 促进人全面发展的“价值特征”

《共产党宣言》指出，共产党人的最终目标是建立“每个人的自由发展是一切人的自由发展的条件”的“联合体”。“中国梦”具有多个维度，而其价值维度就是要实现人的全面发展。党的十八大明确把“促进人的全面发展”纳入中国特色社会主义道路的内涵之中，并且强调“不断在实现发展成果由人民共享、促进人的全面发展上取得新成效”。这标志着中国特色社会主义把实现人的自由全面发展作为终极价值追求，必将极大提升“中国梦”的吸引力、凝聚力和感召力。

四、中国梦的影响和意义

“中国梦”具有最大限度为实现国家富强、民族复兴、人民幸福而凝聚人心的伟力，无论面对多少挑战、多大困难，始终以中华民族深厚的文化积淀和历史智慧为底蕴，给人以希望、给人以信心、给人以力量。近代以来中华民族曾经饱受欺凌，山河破碎、民生凋敝，但“中国梦”在无数矢志于民族复兴的仁人志士心中从未泯灭过。梦想不灭、希望永在。“中国梦”是中华民族自强不息的不竭动力，牵引着中国砥砺前行的脚步。“五四”运动以来，汇聚了中华民族先进分子的中国共产党，率先破解了“中国梦”的密码，找到了实现“中国梦”的路径，波澜壮阔的铸梦世纪工程大幕开启，中国特色社会主义事业持续推进，“中国梦”的动力之源全面激活，“风景这边独好”的“中国故事”精彩呈现，中国人民从未像今天这样离伟大的“中国梦”如此之近。中国的发展必将影响着亚洲乃至世界。

“中国梦”为探索人类文明多样化发展道路开辟了更加光明的前景。成就“中国梦”，既是实现民族复兴的伟大历程，也是中国人民开拓、坚持和发展中国特色社会主义发展道路的伟大历程。中国特色社会主义道路是人类文明发展进程中具有中国风格、中国气派的一条康庄大道，不同于其他国家的现代化道路，是中华民族的“人间正道”。中国既成功抵御了国际金融危机冲击，又在推动世界经济摆脱危机、走出低谷中发挥了重要作用。事实证明，实现“中国梦”也是世界的重大“利好”。在我们实现“中国梦”的过程中，已经得到了与国际社会互利共赢、和平发展的崭新实践，这为人类社会向更高级的文明形式演进提供了新范式。

走过“雄关漫道真如铁”的昨天，跨越“人间正道是沧桑”的今天，“中国梦”正指引当代中国向着“长风破浪会有时”的明天迈进。

梦想拓展

1. 通过学习本节内容，谈谈你对中国梦科学内涵的理解。

2. 中国梦的概念提出已经有一段时间了，通过自身感受，并结合身边人的例子，说说中国梦对于你们这个群体的重要影响和意义。

阅读链接

实现"中国梦"的正确途径

梦想连接道路，道路决定命运。没有正确的道路就无法汇聚各方的力量，再美好的梦想也无法实现。90多年来，共产党紧紧依靠人民，把马克思主义基本原理同中国实际和时代特征结合起来，独立自主走自己的路，历经千辛万苦，付出各种代价，取得革命建设和改革的伟大胜利，开创和发展了中国特色社会主义，从根本上改变了中国人民和中华民族的前途命运。事实证明，中国特色社会主义是实现"中国梦"的唯一正确道路。

当前的中国，比历史上任何时期都更接近中华民族伟大复兴的目标，比历史上任何时期都更有信心、有能力实现这个目标。在中国特色社会主义道路上，我们创造了同世界其他大国相比最快的经济增长速度、最快的对外贸易增长速度、最快的外汇储备增长速度、最快且人数最多的脱贫致富速度、最大规模的社会保障体系。今天的世界对"中国信息"充满饥渴、对"中国奇迹"充满惊叹，对中华文化充满兴趣，今天的中华民族越来越靠近世界舞台的显著位置，赢得越来越多的民族荣耀与民族尊严。鸦片战争以来170多年的"中国梦"，在今天比以往任何时候都更加清晰、更加现实。

随着改革开放的深入推进，我们正经历空前的社会巨变：经济体制深刻变革、社会结构深刻变动、利益格局深刻调整，人们的价值追求也越来越多元多样。然而，价值追求的"多"并非与"一"截然对立，"多"的存在往往推动着人们对"一"的意义作出更深的理解，强化着人们对"一"的渴求，也为"一"的实现注入更多的活力。中国特色社会主义描绘了人们美好生活的蓝图，展现了中华民族伟大复兴的光明前景和科学路径，把每个人的前途命运与国家、民族的前途命运紧密联系起来。今天，继续"中国梦"的"圆梦"之旅，中国特色社会主义无疑是其唯一正确的途径。

第五讲　中国梦想　人民力量

梦想导读

习近平总书记在阐述中国梦的核心价值时指出，“中国梦归根到底是人民的梦，必须紧紧依靠人民来实现，必须不断为人民造福。”这一重要论述，为全国人民形成共识、凝聚力量、共同推进中国特色社会主义事业提供了科学指南。在实现中国梦的进程中，需要把“民族的梦”和“每个中国人的梦”结合起来，把民族复兴的“宏大述事”与关注民生的“个人生活”结合起来，把“中国梦”植根于国民个人的生活之中，进一步推进和加强社会建设。

一、理论基础

1. 关注国民个人生活是构成国家梦的基础内容之一

国家梦，反映着一个国家发展的主导理想和价值追求，构成了国家崛起的精神动力。自近代以来，在大国崛起的过程中，曾出现“美国梦”、“俄国梦”和“英国梦”等等梦想，其中影响力最大的是“美国梦”。1931 年，美国正处在世界经济危机及其引发的大萧条时期，亚当斯第一次明确提出了“美国梦”——“让我们所有阶层的公民过上更好、更富裕和更幸福的生活的美国梦”。罗斯福的“新政”强调“复兴、救济、改革”，制定的有关社会保障等一些公共政策与“美国梦”密切相关。应该看到，近代以来，随着市场经济在全球的扩展，生产力有了迅速提高，经济有了快速发展。但市场经济并不是万能的，在西方国家，伴随着市场经济的发展，出现了贫富悬殊严重、劳资矛盾激化、失业率上升、社会保障缺失等一系列社会问题。面对这些压力，西方国家采取了一系列改善民生的社会政策，如推进基本公共服务、建立社会保障体系等，有的国家甚至提出建设“福利国家”。这些社会政策的推广，在一定程度上改善了民众生活，缓和了社会矛盾，使社会秩序呈现相对稳定的状态。然而，直到现在，也很难说西方国家彻底解决了社会建设问题，即使经济最为发达的美国，近年也出现过“占领华尔街”等运动，而这与社会建设中所存在的一些问题是有关系的。通过诸多国家大国梦的实现历程，我们可以看出一个国家在实现国家梦的过程中，不仅要推进经济建设、还要重视社会建设、关注民生，要将国家梦的实现与国民个人的日常生活衔接起来，在经济发展的同时，防止公共服务缺乏、社会保障缺失等社会问题的出现。政府在社会管理的过程中，要通过建立合理的社会流动机制给每一个公民均等的机会，使其只要努力奋斗，就可以实现自己的梦想。

2. 加强社会建设，关注个人生活，是实现“中国梦”的现实要求

习近平同志指出，“中国梦是民族的梦，也是每个中国人的梦”。“中国梦”的实质内涵是国家富强、民族复兴、人民幸福和社会和谐。“中国梦”一方面表现为“两个一百年”的“宏大述事”，即在中国共产党成立100年时全面建成小康社会，在新中国成立100年时建成富强、民主、文明、和谐的社会主义现代化国家；“中国梦”的另一方面体现为个人梦，与“个人生活”密切相关，如“住房梦”“健康梦”“养老梦”等，这其中不少内容与社会建设相关联。社会建设包括教育事业、劳动就业、收入分配、社会保障、医疗住房、社会管理等方面的内容，涉及每个公民最直接和最现实的利益问题。改革开放以来，我国的经济发展取得了举世瞩目的成就，社会建设方面取得了一系列进步，基本公共服务水平有所提高，社会保障体系建设取得一些成效。但面对新时期新任务，我国在社会建设方面还存在着不少问题。例如，现阶段我国社会矛盾明显增多，教育、就业、社会保障、医疗、住房、生态环境、食品药品安全、社会治安等关系群众切身利益的问题还比较多，居民收入分配差距依然较大等。这就需要根据中国经济社会发展的实际，借鉴其他国家经济社会发展的经验和教训，改变经济建设与社会建设“一条腿长一条腿短”的局面，满足人们追求幸福生活的梦想。

3. 改善民生为重点推进社会建设是实现“中国梦”的前提

实现“中国梦”，需要以改善民生为重点推进社会建设，既要关注社会主要群体的生活状况，也要关注处于社会边缘的困难群体的生活状况。习近平同志关于“中国梦归根到底是人民的梦，必须紧紧依靠人民来实现，必须不断为人民造福”的论述，阐明了“中国梦”的核心价值。“中国梦”的承载主体是人，要加强社会建设，就必须解决好人民群众最关心、最直接、最现实的利益问题，在学有所教、劳有所得、病有所医、老有所养、住有所居上持续取得新进展。要坚持走共同富裕道路的原则，着力解决收入分配差距较大问题，重视推进基本公共服务均等化，构建覆盖城乡、可持续的基本公共服务体系，使发展成果更多更公平地惠及全体人民。尽管梦想的表现形式是主观的，但反映的许多内容却是客观的。在社会转型时期，尤其要关注人民群众的呼声，关注社会困难群体的需要，给它们构建充满希望的精神家园，给予人文关怀及社会救助。

4. 激发每个人的进取心和创造力是实现“中国梦”的必然条件

实现“中国梦”，需要加强和创新社会管理，这固然需要重视“维稳”，即维护社会的良好秩序，但更需要通过社会管理体制机制的改革，给每一个公民均等的机会，激发每个人的进取心和创造力，从而为把“中国梦”转化为现实提供源源不断的人才支持。正如习近平同志所指出的，要使每一个中国人“共同享有人生出彩的机会，共同享有梦想成真的机会，共同享有同祖国和时代一起成长与进步的机会。有梦想，有机会，有奋斗，一切美好的东西都能够创造出来”。要提升社会管理的科学化与人道化水平，坚持群众路线，推进公共事务的公共治理，发挥群众参与社会管理的基础作用；要正确处理改革、发展和稳定的关系，促进社会公平正义，不断增加和谐因素，确保人民安居乐业；要建立利益均衡和矛盾化解机制，正确处理社会转型所出现的各种矛盾，维护社会良性秩序，促进社会的全面协调发展和人的自由全面发展。

“中国梦”归根到底是人民的梦，其既有“宏大述事”的一面，又有“个人生活”的一面，我们要通过社会建设这一重要纽带，在实践中把二者紧紧结合起来。只有使“中国梦”真正积淀于国民心灵深处成为“民族潜意识”，并与国民个人生活紧密联系，才能使“中国梦”获得民意的广泛支持，才能为其转化为现实提供取之不竭的正能量和精神驱动力。

二、现实表现

强国才能富民，强国也是为了富民。没有人民富裕，发展就不算成功；没有人民幸福，复兴就不算完成。实现中华民族伟大复兴，实现中国梦，就是要让中国人民有更好的教育、更稳定的工作、更满意的收入、更可靠的社会保障、更高水平的医疗卫生服务、更舒适的居住条件、更优美的环境，让我们的孩子们成长得更好、工作得更好、生活得更好。进一步说，就是要让中国人民过上更加富裕、更有尊严的生活，实现每个人自由而全面的发展。要实现“中国梦”，发展是核心，民生是基础，生态须改善，改革是动力，政府要转型；检验“中国梦”实现的唯一标准，就是要让每个中国人能否享有“人生出彩的机会”。

1. 保护个人尊严，维护公民权利

古语言：“仓廪实而知礼节，衣食足而知荣辱”。当然，物质的繁荣并不等同于精神的繁荣，但物质文明的确可能成为精神文明和政治文明构建的一个基础。尊严与幸福如果没有物质作为基础，就可能成为空中楼阁。改革开放之初，中国人民物质的匮乏使得小康、温饱等物质化目标成为现代化的实实在在的目标，当时政府也曾经

提出过改革的目的就是要让人民获得更多的实惠之类。随着时代进步、生活水平提高，特别是上届政府提出构建和谐社会以来，推动更全面的改革、提升精神层面上的目标显得愈发重要。由物质到非物质目标与基础的跨越和构建，不仅是社会文明进步的标志，也是党执政能力的重要体现。活得更有尊严，将成为中国发展道路上一座崭新的里程碑。

温家宝在2010年春节团拜会上，曾提到保护个人“尊严”。当时这两个字就被网友誉为“虎年开篇最强音”。当时还是总理的他指出：“尊严主要指三个方面：第一，就是每个公民在宪法和法律规定的范围内，都享有宪法和法律赋予的自由和权利；第二，国家的发展最终目的是为了满足人民群众日益增长的物质文化需求；第三，整个社会的全面发展必须以每个人的发展为前提，因此，我们要给人的自由和全面发展创造有利的条件，让他们的聪明才智竞相迸发。”

后来，温家宝同志在人民大会堂向十一届全国人大三次会议作政府工作报告时又提到：“我们所做的一切都是要让人民生活得更加幸福、更有尊严，让社会更加公正、更加和谐。”至此，“尊严”这种提法首次在政府工作报告中出现。随着政府更加重视个人尊严和个体权利的维护，在民生投入方面下足了力气，民生工程的标准更高、推进速度更快。农民工的户籍、城市人的住房、就业、看病、上学、社会保障、收入分配等等方面的利民政策，让人民对未来充满了期望和希望。而政府正在努力回应着群众的这种期待，追求着社会的公平与正义。

2. 加强社会保障，推动福利社会

对“中国梦”的推进，首先要重视改善民生，要把发展好、维护好、实现好最广大人民的根本利益作为一切工作的出发点和落脚点。要多谋民生之利，多解民生之忧，解决好人民最关心、最直接、最现实的利益问题，在学有所教、劳有所得、病有所医、老有所养、

住有所居方面努力让人民过上好生活。

社保保障的是人民的生存权、发展权，而保障生存权、发展权则是政府的基本职责。政府履行这一职责的主要途径就是建立全民社保体系。它是国家长治久安、社会和谐的客观基础，且对当前实现经济发展方式的转变有直接作用。所以，建设一个完善的社保体系，保障每个人都能过上基本的有尊严的生活，既是国家一项基本的福利制度，也是一项严肃的政治制度。西方国家是在长达一两百年持续的工人运动和斗争中才悟出了这个道理，中国则是在改革后的 20 多年里就感受到这一问题的严重性。

中国当前的社保现状并不容乐观。主要原因是社保资金的来源，即谁来支撑一个 13 亿人口的社保体系建设。以最重要的养老金的亏空问题来说，不同机构有不同估算，最低的有 1 万多亿，最高的有 18 万亿，但不论具体数据，普遍预计养老金的收支缺口是一个很大的数字，且在近几年就有可能显示出来。无论从西方国家的历史经验还是中国的现状来看，建设惠及全民的高水平社保网络，政府须担负起更大责任。国家现在逐渐推行的收入分配改革总体方案中有关社会保障的内容，对于建立完善的社保体系，履行政府的保障职责无疑具有十分重要的约束作用。方案不仅在收入分配改革要实现的主要目标中列出社保，而且在继续完善初次分配机制部分提出，央企国有资本收益上交比例新增部分的一定比例要用于社保等民生支出；更在加快健全再分配调节机制部分明确指出要加快健全以税收、社会保障、转移支付为主要手段的再分配调节机制，全面建成覆盖城乡居民的社保体系，实行全国统一的社会保障卡制度。

目前，“中国梦”正成为激励大家前进的动力，而建设一个高水平全覆盖的社保网络，让人们衣食无忧地从事劳动和创造，既是福利社会的应有内涵，也是中国梦的应有之义。提高社会保障，具体如城乡老年人保障、残疾人保障、城乡低保、企业退休职工养老，独生子女、两女户补助；提高医保报销比例，提高省城医院、外省医院报销差额。在医疗方面，改变目前报销乱花钱、多检查，改变报销提高了、看病质量下降现象。百姓希望住院能看好病，实行门诊报销、门诊刷卡制。政府正把福利社会作为中国梦的一个组成部分去追求，为建设一个福利中国而努力。

3. 安居有政策，就业有保障

安定生活，愉快工作是老百姓心里最质朴的“中国梦”，是中华民族几千年来固有的文化传承。无论是老子描绘的人民“甘其食，美其服，安其居，乐其俗”的“小国寡民”的理想社会，还是孟子力图实现的让人民有“恒产”的社会目标，或者是陶渊明在《桃花源记》中梦想着人民过着“怡然自乐”的世外生活，再或者是近代康有为写下的《大同书》中的变革社会，还包括孙中山倡导的以“平均地权”和“节制资本”为主要内容的“民生主义”，都是勤劳、善良、智慧的中国人对过上安居乐业生活的向往和期盼。

安居是民生之基，就业是民生之本。安居乐业是每个中国人的梦想，也是“中国梦”在当下最真实的民生寄托。让人民安居乐业的城镇，不能是简单的征地与造城，不能是大城市人口急剧扩容带来的一系列“城市病”，不能是让农民扛着锄头上楼、农村种田城里吃饭，成为困窘于城市边缘的新生贫民。正因如此，李克强总理强调城镇化要有产业作支撑，实现产城结合。具体而言就是要让进城农民有就业的机会和创业的能力，让他们尊严、体面地融入现代城市生活。让城市市民和进城农民都能安居乐业，成为新型城镇化进程中政府和全社会共同努力的方向。

通过推进城镇组群发展，促进大中小城市和小城镇合理分工，保障新型城镇化质量与水平的同步提升，是让百姓真正享受到城镇化红利的关键之一。进城农民市民化，就业是最大的难题。各地政府已经出台相关就业措施在积极解决这一难题。经济学家斯蒂格利茨曾预言：中国的城镇化与美国的高科技发展将是深刻影响 21 世纪人类发展的两大课题。置身新一轮城镇化浪潮之中，眺望未来，安居乐业是与“中国梦”齐飞的美好愿景；着眼当下，安居乐业是城镇化普惠民生的践行之道。

在刚刚过去的“十二五”的开局年，我国政府重点支持民生工程特别是保障性安居工程，重点保证国家重大在建、续建项目的资金需要。坚定不移地加强房地产市场调控，确保调控政策落到实处、见到实效，也使得投机、投资性需求得到明显抑制，多数城市房价环比下降，调控效果正在显现。

在 2012 年政府工作报告中，关于住房有这样的论述：继续搞好房地产市场调控和保障性安居工程建设。严格执行并逐步完善抑制投机、投资性需求的政策措施，进一步巩固调控成果，促进房价合理回归。继续推进保障性安居工程建设，在确保质量的前提下，基本建成 500 万套，新开工 700 万套以上。抓紧完善保障性住房建设、分配、管理、退出等制度。采取有效措施，增加普通商品住房供给。加快建设城镇住房信息系统，改革房地产税收制度，促进房地产市场长期平稳健康发展。可见，住房安居工程已经成了政府工作中的一个首要项目。

4. 空气清新，环境优美

十八大报告提出，给自然留下更多修复空间，给农业留下更多良田，给子孙后代留下天蓝、地绿、水净的美好家园。这些美丽中国的具象就是我们的“中国梦”。

在2013年的两会上，由于北京等周边地区雾霾天气严重，环境污染成为了代表委员们高度关注的热点问题。除了空气污染外，地下水和土地污染也比较严重，另外还有电磁辐射和光污染……各种各样的污染通过各种方式威胁到公众的安全。越来越多的人意识到一旦环境遭到破坏，经济总量再高，人们的生活也称不上“幸福”。今天大家都在谈论“中国梦”，但“中国梦”的实现取决于中国今后如何科学发展、可持续发展；时下的环保议题是一面镜子，“中国梦”可以从“青山绿水”开始。国务院总理李克强在会见采访十二届全国人大一次会议的中外记者时表示：要打造中国经济的升级版，就包括在发展中要让人民呼吸洁净的空气、饮用安全的水、食用放心食品。李克强说：“绿水青山贫穷落后不行，但殷实富裕环境恶化也不行。我们需要进一步创新发展理念，推动科学发展。一是不能再欠新账，包括提高环保的门槛；二是加快还旧账，包括淘汰落后产能等。”

环保问题是公众关注的焦点，连任环境保护部部长的周生贤表示，环境保护部将以2013年两会会议的精神为指导，以影响科学发展和影响群众健康的环境问题作为工作重点，“全面安排部署，切实做出成效，具体工作将从防治PM2.5做起。”交通部部长杨传堂也在接受采访时透露，已和环境保护部沟通联合治理机动车尾气，最主要的合作将体现在“减排”方面。据悉，交通部今年222项工作方案中就有一项是绿色交通。

环境污染治理不力，“美丽中国”就会变成停留在口头的口号。无论是空气、地下水还是土壤污染，问题是天长日久积累造成的，改变不可能一蹴而就，但行动需要马上开始，容不得拖延。政府应尽快拿出务实行动，要采取“看得见”的措施。首先，要构建官员环保考核体制。而且，环保考核不能只是地方政府说了算，应该引入民意的反馈机制，让公众为地方官员的环境治理成绩打分。其二，应当完善对官员的环保问责机制。应将所有污染问题，以及环境管理中的失职渎职，纳入追责范围，实现环保问责的“日常化”。第三，治污先治官，不仅要针对地方政府，同样适用于国家相关部门。

5. 收入提高，物价稳定

“中国梦”在百姓眼里不是那种虚幻的东西，而是实实在在看得见，能够拿到，能够吃到，能够装在兜里、满足物质欲、缩小差距、减轻心理负担，能够给他们带来实惠的东西，任何梦只要没有给百姓带来实惠的东西，永远都是虚幻没有意义的梦。收入增加应该是百姓最现实的“中国梦”诉求的一部分。

在未来建设中，中国百姓的愿望就是提高城乡居民收入，提高低收入者收入，使最贫困的群众生活、经济有保障；缩小差距，减轻心理负担，削减富人收入；物价稳定、货币稳定，不为物价而担忧、不为消费而发愁、不为贬值而苦恼。2012 年 11 月 8 日，胡锦涛同志在十八大报告中，就收入分配改革问题做出安排：发展成果由人民共享，必须深化收入分配制度改革，努力实现居民收入增长和经济发展同步、劳动报酬增长和劳动生产率提高同步，提高居民收入在国民收入分配中的比重，提高劳动报酬在初次分配中的比重。

6. 教育先进，科技发达

在“中国梦”的展开的过程中，文化教育和科技的作用不可小觑，而且在越来越凸显着自身的重要价值。我们需要关注文化在追求“中国梦”的进程中的重要意义。有一个多层次、多样化的文化的创造，人们对自己社会的认同就会更加充分，社会的共识就会更好地展开，这会为“中国梦”提供坚实的精神基础和价值共识。“中国梦”既是中国人自己的梦想，也需要全球的了解和认知。这会为中国的发展在文化上提供更加充分的支撑。我们会看到，在未来十年的中国发展中文化的意义和价值的进一步的凸显。从今天起步，文化的发展和繁荣会为打造“中国梦”提供不竭的精神和思想的资源，也为人们展现“中国梦”的灿烂和辉煌。

教育和科技是中华民族振兴和社会进步的基石。实现中华民族的伟大复兴，实现伟大的中国梦是教育肩负的重要使命。对每一个教育科技工作者而言，“中国梦”就包含了“教育强国梦”。当今的世界经济强国无一不是教育强国、科技强国，建设世界一流大学是中华民族伟大复兴的重要组成部分。让每一个教育工作者都坚守自己的理想，做好本职工作，为梦想而不懈奋斗，这样，国家和民族就会凝聚起磅礴的力量。教育强国，人才培养是关键。某知名大学教授曾说，人才是实现中国梦的基础，是实现中国梦的决定性因素，培养具有创新精神和能力、有强烈责任感和担当意识的人才，是大学的神圣使命。

近几年，政府大力发展基础教育，不断加大教育资金的投入，培养文化教育人才。同时，进一步解放思想、改革创新，真正把人才培养和科技创新的目标聚焦到世界科技和文化前沿、提升原始性创新能力上；聚焦到经济社会发展全局性、战略性、基础性的重大科学技术理论研究和应用研究，提升核心、共性关键技术的突破能力上。

7. 军事强国，和谐外交

“中国梦”，就是强国梦。强国就必须强军。军不强最多是一个富国，但永远成不了一个强国。古今中外，概莫能外。强军是历史的警示，也是时代的呼唤，更是形势所迫。共产党倡导的和平崛起并不是免战牌，如果没有巩固的国防和强大的军队，和平就是虚无飘渺的乌托邦、水中月、镜中花，只会丧失更多的利益。对军人来讲，一定要“敢战”“善战”，关键是“胜战”；对于民众来说，一要“慎战”，二要“援战”，关键时刻“参战”；对于外族来说，我们一不好战，二不惧战。战争对于国家来说是最后选项，但对我们军人来说，是唯一的选项。只有敢战方能言和，只有有备战才能无患，这就是战争与和平问题的辩证法。中国梦中蕴涵着强军梦，中国梦为强军梦提供了物质基础，强军梦为中国梦提供了安全保障。

为了实现中华民族伟大复兴的梦想，中国外交所要做的事情就是营造一个和平、合作的国际环境。目前中国发展所取得的势头来之不易，是我们经过一百多年的奋斗才取得的。保持这个势头至关重要，这个势头一旦丧失，恢复起来将更加困难！保持发展的势头，就必须保持对外开放的势头、对外合作的势头。中国是在世界上曾经领先了一千多年的国家，我们在近代落后的根本原因是封闭。中国要发展必须开放，中国要前进必须同外部世界保持合作。今天的中国外交面临着各种难题和严峻的挑战，搞外交的人要在中央的领导下，贯彻邓小平路线，充分发挥自己的聪明才智，善于调动各方面积极因素，化解面临的难题和挑战。有了一个和平、合作的国际环境，中华民族伟大复兴的梦想一定能实现。

“中国梦”就是每一个中国人通过自己在创业和就业中的奋斗，实现自己安居乐业的需要，以及所追求事业的成功；就是数亿向往城市的人到城市里工作、居住和生活，成为新市民，并且生活得更美好；就是每一个中国人通过诚实合理纳税，希望政府能提供、建立和建设满意的公共服务、社会保障和公共设施；就是每一个中国人工作和生活在生态优美、整洁卫生、空气清新，并安全的环境之中；就是每一个中国人都心情舒畅，工作和生活在自由、民主、平等、公平、公正、正义和有秩序的和谐社会之中；就是通过13亿中国人同舟共济、艰苦奋斗，凭着植根于“中国梦”的中国精神，经过再30到40年的努力，到21世纪中叶时，把中国建设成一个人民富裕、国家强盛、社会安定、生态环境优美的社会主义强国，实现中华民族在21世纪的伟大复兴。

梦想拓展

1. 我们举出四位"中国梦"的杰出引领者，他们分别是——孔仲尼、孙中山、毛泽东、邓小平。分别用一句话说说他们的中国梦。

2. 通过搜集材料，谈谈你对中国梦想现实表现的认识，并说说还有哪些表现形式。

阅读链接

中国梦与美国梦

新加坡国立大学终身教职 石毓智

中国梦与美国梦的不同是必然的，这是由历史、文化、经济、地理等因素决定的。两者的差别及其原因可以概括为如下7点：

1. 中国梦是国家的富强，美国梦是个人的富裕；

2. 中国梦的目的是民族振兴，美国梦的目的是个人成功；

3. 中国梦必须由中国人自己来实现，美国梦可以利用其他国家的人才资源达到；

4. 中国梦是群体的和谐幸福，美国梦是个人的自由和快乐；

5. 中国梦具有纵深的历史感，美国梦只有现实的体验；

6. 中国梦依赖群策群力，美国梦靠的是个性张扬；

7. 中国梦是为了民族光荣，美国梦是为了个人荣耀。

由以上的分析可知，"中国梦"是根据"中国脚"量做的"一双鞋"。生活在中国，就专心做自己的梦，通过实干来实现自己的梦想。

第六讲　少年放歌　中国梦想

梦想导读

梁启超先生在《少年中国说》中谈到："造成今日之老大中国者，则中国老朽之冤业也；制出将来之少年中国者，则中国少年之责任也。故今日之责任，不在他人，而全在我少年。少年智则国智，少年富则国富，少年强则国强，少年独立则国独立，少年自由则国自由，少年进步则国进步，少年胜于欧洲，则国胜于欧洲，少年雄于地球，则国雄于地球"。

一、青少年是祖国的未来

作为中职中专学生，我们正处于成长的黄金时间，我们是祖国的未来，也是中国梦的有力缔造者和实施者。

我们党历来高度重视对青少年的培养教育，"少年强则中国强"毛泽东同志曾生动地把青年比作早晨八、九点钟的太阳，指出青年是整个社会力量中的一部分最积极最有生气的力量。邓小平同志也指出，"青年一代的成长，是我们的事业必定要兴旺发达的希望所在。"在革命、建设和改革的各个时期，我们党和老一辈革命家对青年人既热情关怀、高度信任，又严格要求、积极引导，使广大青年不断地茁壮成长，从而使党的事业始终充满蓬勃的生机和活力。九十年代以来，江泽民、胡锦涛、习近平等党和国家领导人也曾做过许多重要指示，强调赢得青年才能赢得未来，要求全党、全社会都要关心青少年健康成长，把培养一代又一代社会主义事业建设者和接班人作为巩固党的执政基础，保持国家长治久安的一项战略任务。

历史和现实也告诉我们，青少年的理想信念是否坚定、科学文化和身体素质如何，不仅关系到千家万户的利益和幸福，关系到我们一个地区的发展成败，更关系到我们民族、我们国家社会主义现代化建设事业的成败。

二、青少年励志报国

中国自古以来对青少年有两种看法。一种看法是“自古英雄出少年”，认为对青少年应该十分重视，因为英雄往往在他们当中产生。他们是国家的未来，民族的希望，要给予倍加爱护。另一种看法是“嘴上没毛，办事不牢”。认为青少年的学识和经验都不够丰富，办起事情来毛手毛脚，常常会把事情办坏，所以不能依靠他们。其实后一种是片面的观点。青少年当中确实有些人毛手毛脚，办起事情来勇敢有余，经验不足，办不成事情，甚至会把事情办坏。但是这不是普遍现象，大多数的青少年都具有上进心，把事情交给他们去办，只要事先耐心地加以指点和引导，他们还是会小心谨慎地办理，即使一次两次失败了，也可以不断地总结经验教训，最终把事情办好的。中国历史上有许多人是在青少年时代成才的。他们或在政治上有所作为，或在保卫国家的战争中立了大功，或写出了脍炙人口的文学作品，或在科学上有所发明创造，为数是不少的，对青少年来说很值得学习。

1. 少年甘罗勇出使，智谋赢得数城池

战国时期，齐、楚、燕、赵、韩、魏、秦等七国，经常互相攻伐。秦王嬴政想要统一全中国，他首先想得到赵国的土地以扩充本国的河间（今河北省）之地，就先跟燕国和好。燕国派太子丹到秦国做人质，秦国派张唐到燕国任国相。

这时候，秦国有个12岁的少年甘罗，自告奋勇，愿到赵国去做说客，声称他可以不用一兵一卒，就能说服赵王，自动把河间附近的土地献给秦国。秦王真的派甘罗去出使赵国。甘罗见到了赵襄王

以后，说：“大王听说燕太子丹到秦国做人质这回事吗？”赵襄王回答说：“听说了。”甘罗又问：“大王听说秦国派张唐到燕国任国相这回事吗？”赵襄王回答说：“也听说了。”甘罗说：“燕太子丹入质秦国，秦国张唐相燕，秦、燕两国和好了，你们赵国就要大难临头了。”赵襄王说：“这是怎么回事？”甘罗说：“这事情是明摆着的，秦国跟燕国和好的目的就是为了想打赵国，扩充河间之地。大王不如先主动把河间附近的五座城送给秦国，请秦国放归燕太子丹，然后跟秦国一起去攻打燕国。”赵襄王觉得甘罗的说法有道理，就真的把五座城送给了秦国。秦国也真的把燕太子丹放归，中断了跟燕国的和好。

不久，赵国派兵攻打燕国，夺得了燕国上谷一带（今河北中部、西北及西部）的 30 座城，把其中的 11 座城送给了秦国。秦王嬴政认为甘罗这次外交很成功，不费一兵一卒就得到了很多土地，就封年仅 12 岁的甘罗做了上卿。战国时期是讲武力、比智谋的时期，秦国凭借自己的武力和智谋夺取别国的土地，虽然是一种以强凌弱的行为，但是统一是顺应历史发展的趋势，强大的秦国逐步吞并掉其他六国是不可避免的。在统一的过程中，12 岁的甘罗不费一兵一卒就能成功地完成其外交使命，使秦国的土地得到扩充，虽然依靠了强大的秦国作后盾，但也说明他是个了不起的外交人才。

2. 革命先行者孙中山，从小励志报效祖国

中国近代民主革命的伟大先行者孙中山出生于 19 世纪下半叶。在孙中山的家乡，农民们的生活也和全国其他乡村一样，凄风苦雨，暗无天日。一方面，清朝统治者加紧了对农民的残酷统治和疯狂盘剥；另一方面，地方上的财主恶霸，横行乡里，欺压百姓，到处作孽。翠亨村和远远近近的大小村庄一样，没有欢笑，没有生机，到处是一派萧索破败的惨淡景象。童年时代的艰苦生活，使他亲身体验到了人间的不平等，也亲眼看到了乡村地主、乡绅和恶霸们的贪婪残暴，看到了农民们的贫穷与苦难。所有这一切，都为他在进入

少年和青年时代之后所萌发的自由、平等、博爱的思想，打下了深厚的基础。那时，乡村的日子很艰辛。常常一年做到头，孙中山全家人还得用红薯糊口。一家人挤在那间破烂小屋里，有时来了一个穷亲戚，实在容纳不下了，小中山就会跟着哥哥，晚上借宿在邻居家中。像中国农村许多贫苦人家的孩子一样，孙中山从幼年起，就常常跟着姐姐上山砍柴草，有时也去田地里挖猪菜。等到年龄稍微大一点，他又开始学着放牛、除草、插秧、排水、打禾等等农活。

许多年后，一位日本友人宫崎滔天这样问过孙中山："你平均地权的思想是怎样产生的？"孙中山回答他说："那是因为我受到了幼年境遇的刺激，颇感到实际上和学理上有讲求这个问题的必要。我如果不是出生在贫困的农家，也许会忽略或看不到这样一个事实，甚至可能忽视这个重大的问题呢。"哪里有压迫，哪里就会有反抗。孙中山打心眼里崇拜洪秀全。他最爱听的是洪天王本人的故事和太平军英勇杀敌的事迹。孙中山虽然出生在一个贫苦的农家小院，但少年时期的他发奋读书，立志报国。贫困而勤劳的生活，使他懂得了中国劳动人民的苦难。正是这些，才造就了孙中山立志报国的信念。

3. 为中华崛起而读书，为振兴中华而奋斗

"为中华之崛起而读书"的周恩来从小就励志报国。12岁那年，周恩来离开家乡，来到了东北。当时的东北，是帝国主义列强在华争夺的焦点。他在沈阳下了车，前来接他的伯父指着一片繁华、热闹的地方，对他说："没事可不要到那个地方去玩啊！""为什么？"周恩来不解的问。"那是外国的租借地，惹出麻烦来可就糟了，没处说理去！""那又是为什么呢？"周恩来打破砂锅问到底。"为

什么？中华不振啊！”伯父叹了口气，没有再说什么。不久，周恩来进了东关模范学校读书。他始终忘不了大伯接他时说的话，经常想：“租借地是什么样的？为什么中国人不能去那，而外国人却可以住在那里？这不是中国的土地吗……”一连串的问题使周恩来迷惑不解，好奇心驱使着他，一定要去看个究竟。后来，他背着大伯，约了一个要好的同学闯进了租借地。一条条街道灯红酒绿，热闹非凡，街道两旁行走的大多是黄头发、白皮肤、大鼻子的外国人和耀武扬威的巡警。正当周恩来和同学左顾右盼时，忽然发现巡警局门前围着一群人，正大声吵嚷着什么。他们急忙奔了过去，只见人群中有个衣衫褴褛的妇女正在一旁哭诉着什么，一个大个子洋人则得意洋洋的站在一旁。一问才知道，这个妇女的亲人被洋人的汽车轧死了，她原指望中国的巡警局能替她撑腰，惩处这个洋人。谁知中国巡警不但不惩处肇事的洋人，反而把她训斥了一顿。围观的中国人都紧握着拳头。但是，在外国的租借地里，谁又敢怎么样呢！只能劝劝那个不幸的妇女。这时周恩来才真正体会到伯父说的“中华不振”的含义。

有一天在课堂上，魏校长向同学们提出了一个问题；“请问诸生为什么读书？”同学们踊跃回答，有的说：“为做官而读书。”也有的说：“为挣钱而读书”“为明理而读书”……周恩来一直静静的坐在那里，没有抢着发言。魏校长注意到了，打手势让大家静下来，点名让他回答。周恩来站了起来，清晰而坚定的回答：“为中华之崛起而读书！”魏校长听了为之一振！他怎么也没想到，一个十二三岁的孩子，竟有如此的抱负和胸怀！他睁大眼睛又追问了一句：“你再说一遍，为什么而读书？”“为中华之崛起而读书！”周恩来铿锵有力的话语，博得了魏校长的喝彩：“好啊！为中华之崛起！有志者当效周生啊！”是的，少年周恩来在那时就已经认识到，中国人要想不受到帝国主义的欺凌，就要振兴中华。读书，就要以此为目标。

4. 孩儿立志出乡关，学不成名誓不还

“孩儿立志出乡关，学不成名誓不还……”，这是少年毛泽东离开韶山冲踏上湘乡求学路时立下的誓言。1910 年早秋，16 岁的少年毛泽东担着行李在表兄文运昌的带领下，怀着强烈的求知欲望，步行五十多里乡间小路，来到当时的湘乡县东山高等小学堂求学。时任校长李元甫老先生给出的作文题目为“言志”。毛泽东略加沉思后，信手挥毫做起文章，很快，一篇洋洋洒洒的文章做完。李校长阅后，大加赞赏，称毛泽东乃“建国栋梁之才”。因为东山高等小学堂是当时地方士绅为培养自己的子弟出资创办的，毛泽东不是湘乡人，按惯例不能录取，但在李校长如果不接纳毛泽东入学就请辞的坚持下，毛泽东破例被录取。东山高等小学堂为新式学校，教学崇新，先生好几个是留学归来。特殊的新式教育教学让毛泽东受益终身。

1950，毛泽东在与同学周世钊回首往事时，感慨地说：“我虽然是湘潭人，但受的是湘乡人的教育”。少年毛泽东最喜欢去的地方是学堂的藏书楼。他经常一个人躲在藏书楼里，如饥似渴地阅读进步书籍。在这里，他了解了旧中国半个世纪的历史，通过“明治维新”“日俄战争”等事件，看到了帝国主义的凶残、封建朝廷的腐败。促使他从小志在四方，“埋骨何须桑梓地，人生无处不青山。”已经表明他志向远大，后来他亲手升起了第一面五星红旗，成了新中国第一位领袖。

新中国成立后，涌现出了更多从小就励志报国的青少年。黄继光、邱少云、罗盛教、毛岸英、赖宁、雷锋、李四光、陈景润、钱学森、钱三强、邓稼先、王进喜、孔繁森、任长霞、方永刚等等英雄人物层出不穷。我们看到，改革开放的伟大实践不仅使国家走向富强，也使社会文明迈向新高。在追求物质文明的道路上，当代中国人从未忘记品格的锻造、道德的提升，崇德向善、知礼守义、开放包容……文明之风华夏劲吹，道德之花神州盛开。

三、青少年互动中国梦

中国正处于经济社会转型期，新观念的更新、新知识的爆发对国民，特别是青少年有着越来越大的影响，转型时期的多元文化对青少年的价值观造成了巨大的冲击。身为青少年的中职中专学生在成长过程中，需要中国梦的激励，需要进行中国梦的教育，最后为实现中国梦作出自己应有的贡献。

1. 中国梦激励青少年

中国梦的实现，机遇与挑战并存，希望与考验同在。现今社会的发展成绩有目共睹，但是确实遇到很多复杂的问题需要解决。实现中国梦，教育是基础，人才是关键。广大青少年现在是后备军，他日会是生力军，将来更会成为主力军。在这种情况下，青年学生需要中国梦来激励和引领。对于我们中职中专学生来说，中国梦是成才之梦、报国之梦、创新之梦、世界之梦。

（1）对于青少年来说，中国梦首先应该是成才之梦

实现自身的全面发展，成为合格的建设者和接班人，成为对国家、社会有用的人，这其实是青少年最朴素的理想和追求。有了这个理想和追求，青少年才可能真正地建立起与中国梦的对接。中国梦具有多个维度，从价值维度来看，就是在民族复兴的伟大进程中，更好地实现人的全面发展。青少年要有责任意识，要勇于担当，自觉地把个人成才和国家发展、社会进步联系在一起；还要注重多元复合的知识积累，将思想政治素质、科学文化素质、身心健康素质的协调发展结合起来，真正成为德智体美全面发展的建设者和接班人；要将基础知识的广博与专业知识的精深结合起来，不仅掌握本学科基本的理论、知识和技能，还要兼修其他学科的知识，并且形成综合性的知识结构体系；要自觉接受系统严格的实践训练，注重将实践经验积累与理论升华结合起来，到西部、到基层、到艰苦的地方去，“增益其所不能”，让青春和生命在祖国最需要的地方闪光。让知识通过实践的作用，外化为卓越的事业和成就，内化为自身的素质和能力，在人生奋斗的历程中，实现自身的价值。

（2）对于青少年来说，中国梦更是报国之梦

建设中国特色社会主义的共同理想是中华民族在实践中形成的，对未来社会和自身发展的向往和追求，是中华民族世界观、人生观、价值观在现阶段奋斗目标上的集中体现。历史告诉我们，广大青少年的命运时刻都同国家、民族和人民的命运紧紧相连。要自觉树立和坚持崇高的理想信念，将个人发展与国家需要紧密结合起来，心有国家，不畏艰难，锐意进取，为祖国和人民建功立业，在报效国家的过程中成就事业。“一个大国，绝不可能指望只在掌声中前进”，一个大国的青少年也不能在没有掌声的时候迷失了方向，能否正确地应对前进中的喧嚣和挫折，是对我们广大青少年把握中国梦的内涵，坚持道路自信、理论自信、制度自信，培养大局意识和理性智慧的考验。

（3）对于青少年来说，中国梦也是创新之梦

一个民族、一个国家的创新精神在很大程度上需要在对青少年的教育进程中逐步培育。中国梦的实现需要迎接世界科技革命的严峻挑战，需要大批具有开拓能力的创新型人才。创新型人才，不仅仅表现为智力和创造性思维的突出，更表现为创造性人格的卓越。广大青少年在学习成长中，不仅要重视培养创造性思维，而且要特别关注创造性人格的养成，不仅要有推陈出新、和而不同的智慧与才能，也要着力培养敢于创新、善于成事、勇于面对困难和失败的进取精神与探索精神。

（4）从历史的纵轴上看，中国梦就是青少年渴望的强国梦

“天下兴亡，匹夫有责”的理想抱负，“苟利国家生死以，岂因祸福避趋之”的爱国情操，一直是人民富裕和民族复兴的不竭动力。从“为中华崛起而读书”的开国元勋到为了成功研制“两弹一星”甘愿在大漠中隐姓埋名的海归青年科学家群体，每一代爱国的青年都在燃烧激情岁月，助力青春中国。驱动历代中国青年实现祖国富强。

（5）从改革开放的横轴上看，中国梦也是青少年追求的成才梦

尽管不同时期不同个体青少年的梦想千差万别，但立志成才却是大家共唱的“同一首歌”。从独领风骚的 IT 精英占领财富榜，到普通修脚女工成为全国人大代表，没有 30 余年改革开放和社会创新的“变革之梦”，就不会有今日青年百舸争流的成才环境。中国梦对青少年而言就是一种休戚相关的发展红利。

（6）从未来发展的趋势上看，中国梦更是青少年共享的幸福梦

中国梦其实是国人美好梦想的汇集和体现。每个中国人自身的各种梦想，也只有在中国梦实现的前提下，才能充分具备实现条件。放眼望去，从现在到本世纪中叶，是实现中国梦的关键时期，也是当下青少年从少年步入中年的黄金时期。这意味着，现在的青少年既是中国梦奋斗过程中的参与者，也是中国梦实现后四海同庆的分

享者。对于青少年来说，实现中国梦，谁都不是看客，更不应是过客。

梦想是美好的，但实现梦想却是艰难的。如同望远镜可以帮助我们看清远方的目标，但却代替不了我们行走的路程。因此，最快的行走不是跨越，而是持续；最慢的行走也不是小步，而是徘徊。在如今这个信息多元化、价值功利化、利益分众化、理想碎片化的社会情境下，美好的梦想之光，如何照进我们的现实之窗，需要我们进行中国梦教育。

2. 中国梦教育势在必行

（1）对青少年进行“中国梦”教育是教育之重任

习近平总书记在参观《复兴之路》的讲话中，明确阐释了“中国梦”的深刻内涵。习近平指出，实现中华民族伟大复兴，就是中华民族近代以来最伟大的梦想。这个梦想，凝聚了几代中国人的夙愿，体现了中华民族和中国人民的整体利益，是每一个中华儿女的共同期盼。历史告诉我们，每个人的前途命运都与国家和民族的前途命运紧密相连。国家好，民族好，大家才会好。实现中华民族伟大复兴，是一项光荣而艰巨的事业，需要一代又一代中国人共同为之努力。对青少年进行“中国梦”教育，就是要围绕近代以来中国人民坎坷追梦历程的深刻启示，围绕新中国建立以来特别是改革开放30多年来的辉煌成就，增强他们的爱国之心、强国之愿、报国之志。

（2）让青少年拥有“中国梦”是激发其爱国情感的可靠保证

中国是世界上少有的历史文化从未间断并一直延续至今的国家。在漫长的历史进程中，中华民族曾经长时期走在世界前列，对人类文明发展作出了不可磨灭的重大贡献。我们要通过“中国梦”教育，让青少年知晓，只有自身文明曾经繁荣兴盛过的民族，才有条件提出复兴的目标。如果过去不曾辉煌，何来复兴可言！毫无疑问，中华民族就是这样的伟大民族。与此同时，还要让青少年明白，在过去的100年里，鲜有国家的历史像中国这样跌宕起伏、悲喜交加。梦想，记录着这个国家的屈辱，也记录着这个国家的荣光，更满载着一个大国复兴的期望。在过去的30年里，鲜有国家的国民像中国人这样，在历史大潮中经历着如此纷繁复杂的命运变迁，那种骨子里的勤劳与坚韧，成为最直白、最朴素的温饱梦想、脱贫梦想、创业梦想的底色，成为创造奇迹、生生不息的强大力量。

(3) 让青少年拥有“中国梦”能激发他们的主体意识、责任意识

青少年不仅是“中国梦”的建设者，而且也会成为“中国梦”建设成果的收获者、享用者。只有最大限度地激发他们的主体意识、责任意识，才能让青少年真正做起“中国梦”，投身“中国梦”。只有广大青少年胸怀理想，满怀激情，敢于担当，敢于创造，奋勇投身中国特色社会主义事业伟大实践，才能为实现“中国梦”发挥生力军作用，用“青年梦”托起“中国梦”。

3. 助推中国梦实现

实现民族复兴的中国梦，作为中职中专生的我们不可能置身事外，更不应该将此作为负担。假以时日，走出校园的我们不仅是中国梦的建设者，而且也会成为中国梦建设成果的收获者、享用者。在实现中国梦的征程上，青少年经历着人生中一个特殊的阶段，其所作所为，必然会影响着“中国梦”的实现。

(1) 在党的引领下寻求圆梦的精神动力

青少年要去实现“中国梦”，必须要有正确的奋斗方向，这个正确的奋斗方向则必须要有引领青少年前进的力量。中国共产党作为领导全国各族人民建设中国特色社会主义的核心力量，则必然会引领青少年学生朝着正确的奋斗方向前进。因此，青少年学生必须热爱中国共产党，坚定共产主义信仰，认真学习党的基本理论知识，为实现“中国梦”寻求精神支柱。

(2) 在实干中探寻圆梦的现实问题

“空谈误国，实干兴邦”青少年大部分时间呆在学校，对社会生

活的现实问题难免认识不足，容易形成“空谈误国”。实现中国梦，靠青少年学生的坐而论道、纸上谈兵的空谈是不行的。空谈只会是雾里看花、误国误民、害莫大焉。实现中国梦，必须要青少年学生脚踏实地、立足国情、立足自身现实、刻苦学习专业知识、牢固专业基础知识。无论是在学习上还是生活中，都要脚踏实地，一步一个脚印，扎扎实实做事。

（3）在明志、自强中锻造实现中国梦的能力

广大青少年要踊跃投身国家建设，以激情飞扬的青春活力不断添加祖国前行的“燃料”。要敢为人先、善于创造、勤奋求实、勇于开拓，成为改革创新的生力军。有了坚定的志向和信念，以及坚韧不拔的毅力，就一定能将志向与目标变为现实。广大青少年，要学会独立思考、独立创业、独立奋斗。巩固和发展社会主义制度，需要几代人、十几代人，甚至几十代人坚持不懈地奋斗，只有具备百折不挠、勇往直前、顽强拼搏的精神，才能在中国崛起、实现中华民族伟大复兴的征程上，贡献自己的力量。在科技和教育迅猛发展，社会信息化不断推进的背景下，当代青少年有较多的机会学习、运用、创新现代科学技术。广大青少年应义不容辞地担当迎接新技术革命挑战的重任，争当优秀的创新人才，成为国家富强、民族振兴的中坚力量。

（4）在全面发展中推动中国梦的实现

人的全面发展，是马克思主义确定的社会发展的最高目标和社会进步的价值尺度，既是人的不懈追求，也是社会科学发展的坚实基础，同时也是激活“正能量”的根本。青少年必须具有解放思想、更新观念、跟上时代发展的自觉性，必须善于学习、掌握、运用多方面的知识与技能，必须培养、提高分析和解读实际问题与疑难问题的能力，这是坚持全面发展的根本要求。青少年只有具备这些综合能力，才称得上是具备拥有社会主义现代化建设的本领，才可以在人生的广阔舞台上充分发挥聪明才智，才能促进中国经济的腾飞，

实现社会的进步和“国富民强”的历史使命，你们的历史任务是学习、工作和奉献。你们是中国今日之责任、明日之希望、民族之未来，是新时代的接班人。你们正处在黄金时代，应当学会竞争，勇于创新，更重要的是作出贡献。展望未来的30年，中华民族必将屹立于世界民族之林。

梦想拓展

1. 结合本节内容，搜集更多素材，看看古今中外还有哪些从小励志报国的经典人物。记住他们，并与之共勉。

2. 今天的我们尚在学校努力学习技能，你如何看待今后自己的工作道路与中国梦的关系。

阅读链接

习近平在同各界优秀青年代表座谈时的讲话精选

青年最富有朝气、最富有梦想。近代以来，我国青年不懈追求的美好梦想，始终与振兴中华的历史进程紧密相联。历史和现实都告诉我们，青年一代有理想、有担当，国家就有前途，民族就有希望，实现我们的发展目标就有源源不断的强大力量。

展望未来，我国青年一代必将大有可为，也必将大有作为。这是“长江后浪推前浪”的历史规律，也是“一代更比一代强”的青春责任。广大青年要勇敢肩负起时代赋予的重任，志存高远，脚踏实地，努力在实现中华民族伟大复兴的中国梦的生动实践中放飞青春梦想。

第一，广大青年一定要坚定理想信念。广大青年要坚持用邓小平理论、“三个代表”重要思想、科学发展观武装头脑，把理想信念建立在对科学理论的理性认同上，建立在对历史规律的正确认识上，建立在对基本国情的准确把握上，不断增强道路自信、理论自信、制度自信，增强对坚持党的领导的信念，永远紧跟党高高举起中国特色社会主义伟大旗帜。

第二，广大青年一定要练就过硬本领。广大青年要坚持面向现代化、面向世界、面向未来，增强知识更新的紧迫感，如饥似渴学习，既扎实打牢基础知识又及时更新知识，既刻苦钻研理论又积极掌握技能，不断提高与时代发展和事业要求相适应的素质和能力。要坚持学以致用，深入基层、深入群众，在改革开放和社会主义现代化建设的大熔炉中，在社会的大学校里，掌握真才实学，增益其所不能，努力成为可堪大用、能担重任的栋梁之材。

第三，广大青年一定要勇于创新创造。广大青年要有敢为人先的锐气，勇于解放思想、与时俱进，敢于上下求索、开拓进取，树立在继承前人的基础上超越前人的雄心壮志，“以青春之我……创建青春之国家，青春之民族”。要有逢山开路、遇河架桥的意志，为了创新创造而百折不挠、勇往直前。要有探索真知、求真务实的态度，在立足本职的创新创造中不断积累经验、取得成果。

第四，广大青年一定要矢志艰苦奋斗。广大青年要牢记“空谈误国，实干兴邦”，立足本职、埋头苦干，从自身做起，从点滴做起，用勤劳的双手、一流的业绩成就属于自己的人生精彩。要不怕困难、攻坚克难，勇于到条件艰苦的基层、国家建设的一线、项目攻关的前沿，经受锻炼，增长才干。要勇于创业、敢闯敢干，努力在改革开放中闯新路、创新业，不断开辟事业发展新天地。

第五，广大青年一定要锤炼高尚品格。广大青年要把正确的道德认知、自觉的道德养成、积极的道德实践紧密结合起来，自觉树立和践行社会主义核心价值观，带头倡导良好社会风气。要加强思想道德修养，自觉弘扬爱国主义、集体主义、社会主义思想，积极倡导社会公德、职业道德、家庭美德。要牢记“从善如登，从恶如崩”的道理，始终保持积极的人生态度、良好的道德品质、健康的生活情趣。要倡导社会文明新风，带头学雷锋，积极参加志愿服务，主动承担社会责任，热诚关爱他人，多做扶贫济困、扶弱助残的实事好事，以实际行动促进社会进步。

青年朋友们，人的一生只有一次青春。现在，青春是用来奋斗的；将来，青春是用来回忆的。人生之路，有坦途也有陡坡，有平川也有险滩，有直道也有弯路。青年面临的选择很多，关键是要以正确的世界观、人生观、价值观来指导自己的选择。无数人生成功的事实表明，青年时代，选择吃苦也就选择了收获，选择奉献也就选择了高尚。青年时期多经历一点摔打、挫折、考验，有利于走好一生的路。要历练宠辱不惊的心理素质，坚定百折不挠的进取意志，保持乐观向上的精神状态，变挫折为动力，用从挫折中吸取的教训启迪人生，使人生获得升华和超越。总之，只有进行了激情奋斗的青春，只有进行了顽强拼搏的青春，只有为人民作出了奉献的青春，才会留下充实、温暖、持久、无悔的青春回忆。

青年朋友们，我坚信，在党的领导下，只要全国各族人民紧密团结、脚踏实地、开拓进取，到本世纪中叶，我们必将建成富强民主文明和谐的社会主义现代化国家，我国广大青年必将同全国各族人民一道共同见证、共同享有中国梦的实现！

第七讲　生命渴望　爱心铸就

梦想导读

中国梦不是幻想，不是空中楼阁，是现实的梦，是你的梦，我的梦。生命因为有了梦想才变得精彩纷呈，不同的人有不同的梦想，我们要通过职业规划，展示并不断修正自己的梦想。成才的道路有很多种，选择适合整个国家发展背景、适合自身发展规律的梦想才是现实的梦想。确立梦想后，我们就要勇敢地去追逐，坚持不懈地去追逐自己的梦想，并坚信我们的梦想一定能够实现。

一、生命需要梦想

梦想是人类特有的思维方式。它推动着人类从蛮荒时代走到刀耕火种的农业时期，再走到现代化大工业的今天。人类的生命正是因为拥有了丰富多彩的梦想而变得更加精彩，向前发展进步，否则整个人类史将无法书写。

1. 梦与梦想

曾有文人这样歌颂梦想：有了梦想，黑暗的日子里不觉得压抑；有了梦想，崎岖的山路上便有了笑声；有了梦想，成长的道路旁增添了风景；有了梦想，庸常的生活中飞出了歌谣。多少年来，人们都以幸福和快乐作为生活的风向标，而和平与光明是人类亘古以来的向往。梦想与梦有关，梦比梦想飘逸，梦想比梦悠远。梦想不是梦，但梦有时体现着梦想。大多时候，梦只是一种幻想，是梦想失去了水分的庄稼。梦只是在人们昏睡的时候才能看到，而梦想是在人们清醒的时候表现得更加亮丽。把梦想当成梦来做的人，注定一辈子只能空抱梦想。梦想与想有关，想是梦想华美的诗篇。人类的想象能走多远，梦想就能绵延多长，梦想比理想更轻盈。梦想可以是想得到的那件物品，可以是要兑现的一个心事，也可能仅仅是一次轻轻的握手……梦想和理想传递的都是爱的火炬。

2. 每个人都需要梦想

人生需要梦想，梦想如同风帆，给人生的小舟注入前进的动力；梦想如同明灯，给人生的跋涉指明前进的方向。不能想象，没有梦想的人该是怎样的一个人，他必定是毫无活力，在碌碌无为和孤独绝望中苟延残喘。或者已成为行尸走肉，生命的游魂，过一天是一天，度一年算一年，生命已无意义，生命已失价值。因此，人生需要梦想，人人需要梦想，惟有梦想才能唤起希望和生存的力量。

人这一生，不管你做一个什么样的人，有没有成就，就在于自己有什么样的梦想和追求。梦想的神奇在于人的不断奋斗追寻，世上再没有比梦想更奇妙的东西了。梦想是不分年龄的，毛泽东少年时立下宏愿，走出韶山冲，去探求救国救民之路；又如周恩来，少年时就梦想着“中华之崛起”。老者如曹操“老骥伏枥，志在千里，烈士暮年，壮心不已”。梦想是不分性别的，岳飞、林则徐可以有献身之志，为国家贡献力量；穆桂英、花木兰也同样可以怀抱救国的梦想驰骋沙场。

梦想可大可小，不同的时代有着不同的梦想，现在中华民族的共同梦想就是实现民族复兴，实现伟大的中国梦。梦想的实现不是在等待之中而是一个过程，一般来说，梦想越是高远，它的实现过程就越复杂，需要的时间就越长。人们对实现梦想所需时间的估计往往偏少，事实上梦想的实现常常比事先所预料的时间要长，特别是比较高远的梦想，当人们热切期待它的到来时，它却总是姗姗来迟。梦想实现的长期性是人们对毅力与信心的考验，对此必须做好充分的思想准备。首先要确立一个适合自己，能让自身发展得更好，实现自身价值的梦想。

3. 生命因为梦想而精彩

他，小学三年级便被迫退学，因为他文采不好，连最简单的作文都不会写。但是，他却为心中那个梦想——写书给孩子们看，坚持不懈，每天往返于家和图书馆之间。面对一封封退稿信，他并没有气馁，只是不停地写作。十三年后，他笔下的舒克和贝塔给了无数孩子童年快乐。他的梦想成就了他的人生，他的梦想给予了孩子们无数美妙的幻想。他就是著名的童话大王郑渊洁，他的生命因为有了梦想而精彩。

他，出生在一个清贫的家庭，自小就十分好强，成年后多次参加参议员竞选，却每每失败。那段时间他几乎崩溃，但挫折又重新燃起了他新的希望与梦想。成为一位造福人民的总统是他一生的梦想，这条路很艰辛，当面对挫折的时候，他没有放弃。梦想激励着他，在一次次失败后再次崛起。他所做的一切，只为了心中那个总统梦，他成功了！在他的领导下，美国人民走向了更加自由、更加幸福的生活。他就是林肯，他的生命因为有了梦想而精彩。

她，两岁那年，因高烧而失去了听力，难以想象她当时的寂寞与痛苦，在那婀娜的舞姿背后，她付出了比常人多好几倍的辛苦。

台上一分钟，台下十年功。她说她爱舞蹈，虽然没有音乐，但是她用自己的心去伴奏。她是舞台上一朵美丽的奇葩，她从不叫苦叫累，只是默默坚持着。她所做的一切，只为了心中那个舞蹈梦。她成功了！《千手观音》带给了观众艺术美感，她们优美的舞姿震慑了所有人。她就是舞蹈家邰丽华，她的生命因为有了梦想而精彩。

郑渊洁的梦想，给了自己人生一个成功的诠释，给了孩子们快乐美好的童年；林肯的梦想，肯定了自己的能力，给了美国人民自由幸福的生活；邰丽华的梦想，让自己的人生因为舞蹈而充实，以自己的舞姿感动了千千万万的人。诸如此类的梦想还有很多很多，每天都在我们周围甚至身边发生着。因为梦想是每个人前进的路标，是社会进步的动力，我们人人都应该心怀一个美好而伟大的梦想，可大可小，并为之拼搏奋斗，这样我们的人生就会更加精彩！

二、爱心成就梦想

有梦，就有明天；有爱，就有未来。梦想的实现需要爱心的助推，希望的点燃需要真情来推动。早在四百年前，莎士比亚就曾经说过："没有梦想，就没有未来；生活中没有爱，就好像没有阳光。"

1. 爱心是一切的基础

爱心是社会文明的基础，是人与人之间相互连接的纽带，是人类强大的精神力量，具有很大的凝聚力，是一个高频率振动的正能量场。有了爱心，社会才会不断迈向文明与繁荣。爱别人、爱自己、爱一切，爱是一种信仰！以爱心为方向，以科技和智慧为驱动力，那么我们就能实现一切梦想。当爱心在我们心中觉醒的那一天，幸福和一切美好的事物都会跟着来，有爱心就会把一切带回家。凡拥有爱心支持的一切，无论友情还是爱情，家庭或团体，社会或国家，独立的个体或全人类，都将坚定稳固、欣欣向荣、永远辉煌。爱心是通向成功的通道。就像是盖房子要打地基，爱心是一切的基础，一个人总是想着要为别人服务，他就贴近了爱的本质，就离成功不远了。

2. 爱心是实现梦想的工具

如果我们没有爱心，就会在各方面制造恶性竞争，压倒别人，把别人踩在脚下，跨过别人的尸体前进。如果人类的命运都屈服在市场法则之下，残酷的竞争法则就会刺激着我们盲目追逐着唯一的目标：金钱，全然不在乎过程与手段。如果有利可图，没有人在乎他人的生命和幸福，没有人保护大自然，没有人关注地球的未来，那么人类将走向灭亡。认识爱心这个实现梦想的工具，对我们每个人来说都是至关重要的。爱心会给所有人带来幸福，爱心能量可以吸引你身边的人和各种环境因素来帮你实现梦想。爱心的力量是很强大的，也是很科学的，且可以被验证的。让人们明白是爱心创造一切，而不是“证券交易所”和银行创造一切。传递爱心的人终究会越来越强大。一切不道德的行为、一切违反爱心的事情越来越受到蔑视和谴责，甚至惩罚。

3. 我为人人，人人为我

践行中国梦是实现个人梦最快最有效的途径，实现这一梦想需要爱心正能量。“我为人人，人人为我”，在能量这个层面上看，我为人人的爱心行为会启动大众与社会的正能量循环，大众和社会对你所释放的爱心能量以感恩能量的形式回报来完成正能量循环。一个人付出的爱心能量越大，反馈回到自己身上的感恩能量就越大。所谓“点燃正能量，好运挡不住”就是这道理。相反，一心只为自己利益着想的人，就只启动他自己那点能量，没有感恩能量，等于堵住了自己与社会大众的正能量循环，是很难实现它自己个人的梦想的。所以，充满爱心的为大众整体的中国梦服务才是实现个人梦最快最好最有效的途径。

三、追逐自己的梦想

1. 梦想指引人生

梦想能够提供人生的前进方向和坚持动力。新东方学校创始人、全国青联常委俞敏洪认为“一个人不论多伟大，如果把他的一生拆成每一天，就会发现大部分的日子都是平淡而琐碎的；但如果一个人有了梦想，平淡和琐碎就能够凝聚成伟大。平庸的人一辈子只有琐碎，伟大的人却能用琐碎堆砌成伟大。”十年风雨，新东方将500万学子的梦想翻译成了现实，期间经过的波折困难无数，一个没有梦想的人，一个没有梦想的团队是不可能走到今天的。

2. 梦想需要坚持

仅有远大梦想是不够的，更重要的是坚持。所谓坚持不是一味地咬牙硬挺，而是清醒地认识到实现梦想的长期性、艰巨性与曲折性，在实践中寻找正确的方法道路，将梦想一步步变为现实。杂交水稻之父袁隆平就常说：“我不在家，就在试验田；不在试验田，就在去试验田的路上。”他始终坚持着“为了让更多人吃饱饭”的梦想而奋斗，也清醒地认识到这一目标虽然不是唾手可得，但也并不是不切实际的乌托邦。他和他的同事们通过扎扎实实、一点一点地奋斗和努力，最终让中国拥有了解决粮食安全问题的关键技术，人类拥有了驱逐饥饿的新希望。

爱因斯坦说：“把安乐和快乐作为生活的目的和梦想，这不过是猪栏里的梦想。”山溪的梦想是大海，泉水的梦想是池塘，幼苗的梦想是栋梁。作为万物灵长的人，作为跨世纪的青年，作为新时代的弄潮儿，不仅要有梦想，还应该怀揣远大梦想。如果仅仅从个人出发去设计和追求，这种“梦想”必定是苍白的、渺小的，而且由于没有顺应历史潮流，往往会在现实中处处碰壁。每个青年都应当把个人奋斗同实现中国特色社会主义的共同梦想紧密结合起来，不为任何风险所惧、不为任何干扰所惑，矢志不渝朝着崇高梦想奋进，在为党和人民事业的奋斗中创造人生的辉煌！

3. 攻坚克难追逐“中国梦”

梦想和信念是我们战胜艰难险阻，赢得胜利的强大精神支柱和力量源泉。而梦想和信念的力量，只能通过投身火热的社会实践而不断焕发出来。青年人要自觉地到祖国最需要的地方去，到条件艰苦的地方去，在改革开放和现代化建设的伟大实践中经风雨、见世面、长才干、作贡献。也只有在这样的伟大实践中，才能使自己更快更好地成长和成熟起来。

（1）勇于创新创造

实现中国梦必须弘扬以改革创新为核心的时代精神。作为时代精神的重要内涵，创新是中国梦实现与飞翔的重要一翼。

一是创新创造需要中职生有敢为人先的锐气。中国梦是崭新的梦，是远方的梦，我们要实现中国梦，就需要从满足现状的思维中突破出来，不怕碰壁，不怕困难，勇于上下求索，开拓进取，树立在继承前人的基础上超越前人的雄心壮志。

二是创新创造需要中职生有逢山开路、遇河架桥的意志。创新创造就是要超越因循守旧的思维，解放思想，和时代的脉搏和谐共振。创新的道路是艰难的，其中必然有挫折和失败，有找不到出路的苦闷，尤其是当下的中国改革已经进入攻坚期和深水区，必须进一步深化改革，勇于冲破思想观念的障碍和利益固化的藩篱，敢于啃硬骨头，敢于涉险滩。只有为了创新创造而百折不挠、勇往直前，才能打开新局面，为实现中国梦找到更宏大的舞台，奠定更坚实的基础。

三是创新创造需要中职生有探索真知、求真务实的态度。创新创造不是空想，而是要立足现实，在脚踏实地的本职工作中不断取得突破。小到个人科研的创新、工作方法的创新，大到国家科技、文化等层面的创新，都是在立足本职的创新创造中不断积累经验、取得成果。“合抱之木，生于毫末；九层之台，起于垒土；千里之行，始于足下”。青年要立足现实、面向未来，用求真务实的态度创新创造，在挥洒汗水的青春中实现中国梦。

(2) 练就过硬本领

练就过硬本领，一是需要青年如饥似渴地学习。中职生正处于学习的黄金时期，学习是首要任务，应该把学习作为一种责任、一种精神追求、一种生活方式。中职生要倍加珍惜大好时光，不断增强知识更新的紧迫感，集中精力，心无旁骛，刻苦钻研，努力掌握现代科学文化知识，不断汲取反映当代世界新发展的各类新知识，为实现中国梦做好知识储备。

二是需要青年深入实践。深入实践是青年中职生将自身价值与祖国命运紧密相连的重要途径，是了解国情的课堂和锤炼意志的熔炉，是成长成才的必由之路。在深入实践过程中，青年中职生可以从中汲取营养、检验知识、丰富阅历；可以深刻了解国情民情，增进同人民群众的血肉联系，把成长的根深深植入祖国的沃土；可以锻炼自己百折不挠的意志、顽强拼搏的精神、宽广包容的胸怀、乐观向上的心态。广大青年中职生要到基层、到西部、到祖国和人民群众最需要的地方经受锻炼，不断提高素质、增长才干。

三是还需要青年坚持学以致用，将书本知识与基层经验结合起来，将扎实的学问和厚实的见识结合起来，将理论学习与实践探索结合起来，既扎实打牢基础知识又及时更新知识，既刻苦钻研理论又积极掌握技能。只有在实践中学习，在学习中实践，青年中职生才能不断增强服务祖国、造福人民的真才实学，不断提高实现中国梦所必需的综合素质和综合能力。

(3) 矢志顽强奋斗

“创新是民族进步的灵魂，是一个国家兴旺发达的不竭源泉，也是中华民族最深沉的民族禀赋，正所谓‘苟日新，日日新，又日新’。”中华民族创新的禀赋集中体现在青年身上，广大青年是这个时代最有活力、最具创造性的群体，在中职中专学生身上，涌动着创新的梦想、创新的冲劲、创新的勇气。广大青年学生要用青春激情扛起时代创新的旗帜。

习近平总书记在五四讲话中指出，我们距离实现中华民族伟大复兴的目标越近，就越需要广大青年锲而不舍、驰而不息地艰苦奋斗。青年人要立足本职、埋头苦干，从自身做起，从点滴做起，以勤劳和业绩实现人生的精彩。近代以来，中华民族之所以能够摆脱积贫积弱的处境，从内忧外患走向独立自主，从一穷二白走向繁荣富强，靠的就是一代又一代人的顽强拼搏，靠的就是中华民族自强不息的奋斗精神。无论是革命岁月、建设时期，还是改革年代，我们都能看到朝气蓬勃、高扬梦想、矢志奋斗的青年形象。抗战时期奔赴延安的爱国青年，建国后响应号召上山下乡的知识青年，改革开放后以知识报国为己任的新一代青年。青年人的梦想和奋斗往往成为那个时代最富跳跃感的记忆。今天，我们既面临着重要发展机遇，也面临着前所未有的困难和挑战。置身于这个时代的青年学生，有没有志存高远的豪情，有没有勇于拼搏的精神，有没有百折不挠的韧劲，不仅决定了个人能否最大程度实现生命价值，也关系到实现中国梦有无持续动力作为保障。

梦想需要行动的坚实支撑，青年学生要做言而有行、行而有果的奋进者。所有美好事物都要从现实中创造，一切真理都需经实践检验，正所谓“空谈误国、实干兴邦”。唯有基于当下的勤勉努力，在走上工作岗位后，用心对待每一个岗位，尽力做好每一项工作，我们才能不断提升自身、开拓人生、造福他人和社会。每天都是一次短短的生命，无论身处校园还是社会各个角落，只要始终为梦想拼搏，青年人就会有人生出彩的机会。行动难免遭遇艰难挫折，青年学生要做迎难而上、奋斗到底的开拓者。困难是弱者的万丈深渊，却是强者的垫脚石。青年学生需要炼就一颗勇敢的心，不甘平庸，勇于突破，主动到条件艰苦的基层、国家建设的一线、项目攻关的前沿，迎接挑战，经受锻炼，增长才干，努力闯新路、创新业，不断开辟事业发展新天地。

梦想拓展

1. 结合所学内容，谈谈你在校期间参加的校内外爱心帮扶、传递梦想活动。

2. 以召开班会的形式，和同学们讨论如何追逐自己的梦想。

阅读链接

爱心成就梦想　真情点燃希望

——“圆梦·爱心”艺术学校的爱心链条

有梦就有明天；有爱就有未来。

有这样一个群体，他们把关注的目光投向了那些贫困家庭的孩子和来津务工人员的子女——2010年金秋十月，天津市和平区政协主办的“圆梦·爱心”艺术学校正式成立。

“圆梦·爱心”艺术学校是全国首家由政协组织资助、主要为困难家庭和外来务工人员家庭中有艺术潜质的子女提供免费艺术培训的学校。在爱心的课堂上，困难家庭酷爱艺术的孩子们在绘画、书法、声乐、舞蹈及乐器的艺术海洋中徜徉。“这一串爱心的链条不仅圆了一群孩子的艺术梦想，还唤起了孩子们自强自立的信念，为困难家庭带来了新的曙光。”

目前，“圆梦·爱心”艺术学校已招收学生70人，其中52人来自和平区常住人口中的低保户和困难家庭，18人是外来务工人员子女，孩子们如愿以偿地走进了艺术教育的殿堂。

文化宫的老师及社会志愿者免费为孩子们授课，表示要尽职尽责、努力工作，把孩子培养成人成才，把学校办出特色办出水平。志愿教师李来莹在音乐界已暂露头角，她表示说，“能为这些孩子奉献自己的热情和能量，使孩子们的心灵不为眼前的贫困所缚，能走进自己的梦想。为了一双双渴望的眼睛，我要和所有爱心人士一起，让爱汇集成一条河流，让希望的花朵开遍天涯。”

“圆梦·爱心”艺术学校给了困难家庭孩子们一个幸福的童年。“带着憧憬，带着理想，带着关爱，带着期望，我们走进了自己的艺术学校——和平文化宫的金色课堂，我们的心声，像绿草一样芬芳，我们的歌声，像波涛一样激荡，我们光荣地登台演出，像所有的明星一样阳光！”在开学典礼上，艺术学校的孩子们从心里朗诵出的《我们学校》，让在场的每一个人都激动不已。“圆梦·爱心”艺术学校为孩子们带来了艺术的陶冶，扬起了希望的风帆。

欣欣小朋友的父母是残疾人，全家靠爷爷的退休金和低保维持生活，困难的家庭条件让欣欣变得寡言少语。她有绘画的爱好，没事总是躲在角落里“涂抹”。自从成了“圆梦·爱心”艺术学校的学生，她好像换了一个人似的。欣欣的外公说：“这孩子现在是有说有笑，活蹦乱跳。”“圆梦·爱心”艺术学校的孩子们尽情享受着艺术的雨露滋润，教室里飘着希望的云，荧屏上童心在飞翔，画板上的花朵五彩缤纷，音乐让孩子们心花怒放。许多孩子家长和孩子感叹道：“我们做梦都想不到，咱和平区还有这样一个不收费，就能让孩子健康快乐成长的好学校！生活在和平区是我们的福气，和平区困难家庭的孩子真幸运！”“我们要以所有好心人的深情关爱为动力，刻苦学习、立志成才、感恩社会、回报社会！”感激的话语和满足的笑脸让委员们得到了最好的回报。歌唱家曲秀珍把在“圆梦·爱心”艺术学校当志愿教师作为自己最有意义的工作，总是用最美丽的歌喉带领孩子们歌唱。政协委员、音乐家多滔表示，在“圆梦·爱心”艺术学校给孩子们上课后，他对著名老艺术家赵丹的一句“奉献爱心是具有伟大心灵的人从事的事业”这句话有了更深刻的认识和理解。

第八讲　职业规划　成就梦想

梦想导读

凡事预则立，不预则废。有了梦想，并不代表就能实现自己的梦想，还需要认真地规划设计，做好职业规划，然后努力奋斗，梦想的实现就会水到渠成。然而据相关调查报告显示，超过62%的人虽然有自己的职业理想却从未真正为自己的未来进行过详细规划，而超过80%的人根本就不知道什么是真正的职业生涯规划。也就是说绝大多数人对自己未来的职业处于一种迷茫状态。而现阶段职场压力相当之大，竞争亦是愈演愈烈，这就更加要求我们提前为自己的职业生涯做好相关规划，可行的计划和充分的职业准备方能让我们在未来的职业竞争中取得优势，并最终实现自己的梦想。

一、梦想展示

不同的人有不同的梦想，不同的群体有不同的梦想，同一个人或同一个群体在不同时期又有不同的梦想。不管是学生、普通职工、农民，还是公益人士、退休工人、企业家，其实每个人心中都有一个甚至多个梦想："努力就能买房买车""升学就业公平竞争""带薪休假不被占用""生养后代不是负担""医疗制度更为合理""交通出行更加顺畅""恋爱婚姻更为单纯""城建城管高效合理""物价不会过快上涨""蓝天白云经常可见""食品药品安全放心""治安环境不断改善"……曾经有一句公益广告词说的好，"心有多大，舞台就有多大！"不错，每个人都有自己的梦想，都希望有一个展示自己梦想的舞台。

1. 数亿农民的新生活梦

中国正处于农村、农业社会向城市、工业社会转变的过程中，数亿农民中的中老年人倾其所有，供子女上学并期盼他们能到城市里去成为新市民，过上城市人的生活。

（1）新市民梦

成为城里人，是数亿农村向城市转移人口的梦想。从经济和社会发展的进程来看，城市化势不可挡。人类近代文明的发展史，实际也就是从农村社会和农业经济向城市社会和城市经济发展的历史。目前已经在城市中的2亿农村人，加上还要向城市转移的4亿到5亿农村人，他们的梦想是：在城市中能找到合理工资收入的工作，能够自己创业谋生；能租住一个较体面的居所，并且奋斗数年后，能买得起城市中的一套房子，夫妻子女能在城市中团聚；自己和子女能在城市中接受与城里人一样的平等教育，能有与城里人一样的医疗保障，并且能平等地进入城市的养老保障体系。这样一个规模之巨大、发展势头之猛烈的群体，在世界史上是前所未有的。

（2）新村民梦

农村中留下的中老年人梦想有满意的收入，病有所医，老有所养，能享受政府提供的基本的交通、供气、供水、供电、通讯、医疗、教育、垃圾污水处理、治安等公共设施和公共服务，与城市中的子女经常在电话中交流，希望每年子女们都回来看看，保留一些传统的文化习俗，这是留守农村的数亿人之梦，并将其称之为现代化过程中的新村民梦。虽然有这种梦想的人口规模在逐步地缩小，但是总和起来，规模也是巨大的。

2. 安居乐业梦

如果按照户籍人口的30%计算，现在城市原住居民有4亿人口的规模；随着从农村转移的常住人口不断变成定居人口，城市居民人口的规模在2040年时，有可能达到80%，城市固定居住人口的规模可能达到12亿左右。这10多亿人的梦想，是未来中国30年经济和社会发展强劲的动力。

（1）住房梦

在城市中拥有属于自己的舒适而体面的一套房屋，是每一个中国城市居民家庭最重要的梦想。就目前来看，城镇住宅供给与需要的缺口巨大。2010年城镇住宅面积约112亿平方米，如果2010年底城镇居住人口达到64000万人，那么人均住宅面积仅为17.8平方米。城镇中大约20000万人为进城农村人口，按照农民人口每人20平方米和城市居民每人30平方米的标准衡量，城镇总共需要住宅面积约为172亿平方米，即使平均计算，不考虑多套房和住宅面积较大的家庭因素，目前的住宅需求的缺口也达60亿平方米之巨。政府要控制房价收入比，控制房价增长不超过收入增长，使农村居民获得财产性收入，形成在城市中买房的一部分支付能力。剩下一小部分低收入人群，则由政府保障房来解决他们的居住需求。

（2）就业和创业梦

就业是绝大部分城市居民的收入之源、生活之本；而创业则是城市人，特别是一部分中青年人的富裕之道、成就之路。相当多的城里人，特别是毕业的中职生们、复转的退役军人们，向往有一份安稳的、收入较丰和交足社保的工作；其中的一部分城里人，他们想自己投资一家工厂、开办一家公司、注册一个诊所等等；还有一部分城里人，他们想成为投资人、企业合伙人、职业经理人、律师、医生、公务员、研究人员、工程师、科学家、教授等等，通过学习知识，甚至是终身的学习和实践，在自己的领域中拼搏，成就自己的人生理想。这就是未来12亿中国城里人的就业和创业之梦。

3. 社会保障梦

在基本生活需要满足之后，生活、工作及环境的安全与祥和，是人们高一个层次的需求。中国历史上没有社会保障制度，对于一个农村家庭未来的生活安全来讲，土地和儿子就是他们将来的保障。只有在20世纪后10年中，我们才开始着手学习和建立城乡现代的社会保障体系。

什么是城里人的生活安全之梦呢？概括起来，基本的生活安全就是老有所养、病有所医、残有所助、贫有所济。能工作时，努力工作，从个人收入和工作单位提取各种保障资金，建立个人账户和统筹基金，到生病、老年和发生意外需要帮助时，由社会保障体系来支付其费用。从土地养老、养儿防老、自我储蓄、计划公有低效率保障，到国家建立社会保障网，这就是现代中国城里人的生活安全之梦。居然社会保障的覆盖面要扩大，要应保尽保，但是社会保障的水平也要量力而行。随着中国经济规模的壮大、财政收入的增加以及国有资产的社会化，社会保障资金的欠账和缺口会逐步得到弥补，社会保障的水平也会逐步得到提高。

4. 公共服务梦

(1) 教育成才梦

无论农村还是城市，每一个家庭都希望子女受到良好的教育。这种梦想形成了巨大的公共服务需求，要求政府建设更多的学校，提供良好的教育，把义务教育范围扩大到从幼儿到高中，甚至到农业、师范和军校等等高、中等非义务教育，且降低学费，让每一个家庭都能公平地享受教育机会和资源。

（2）看病便利梦

解放后，我国建立了基础公共卫生医疗体系，绝大多数城乡居民得到了城镇医疗体系和乡村合作医疗体系的服务，虽然水平不高，但是表现出费用低、覆盖广的特征。改革开放以来，这种过去传统公有制和计划经济体制下的医疗服务体系解体，而市场经济体制下的公共医疗服务体系没有及时建立起来，甚至在医疗资源行政垄断的格局下，又推进医疗公共服务的过度市场化改革。许多农村没有了完善的医疗服务机构，看病要往县城跑，城市里的医疗机构拥挤，城市居民看病也越来越不便利。并且看病越来越贵，相当多的农村居民和许多城镇居民，因病而生活水平下降，甚至成为贫困家庭。因此“病能及时治、医疗费用低”是人民对政府在医疗卫生公共服务方面的希望。

（3）出行和通讯便利梦

进入21世纪的10年中，中国人的轿车梦开始成为现实，轿车开始进入中国家庭，而且规模越来越大。20世纪90年代以来，中国城市道路、高速公路等飞速发展，给中国家庭的出行梦创造了越来越好的条件。当然，美国式的家家户户都有车的轿车梦，在中国必定会受到人口众多、土地狭小、能源短缺等国情的限制。各城市政府提供组合的公共交通体系，使人们成本较低地和便捷地出行，大大缩短通行时间。这就是中国城里人的出行梦。

20世纪50年代时，中国人民曾经将向往的共产主义社会比喻为“楼上楼下，电灯电话”。时至今天，不仅电气化实现了，而且大规模无线移动通信技术、计算机网络、电视转播接收等技术的应用使平面媒体、声讯、网络、电视等等也爆炸式地普及。甚至当中国人都还没有梦想时就提前实现了通信的便捷和网络及视频资讯。对此人们的企盼是移动通信、网络和电视等等的资费再便宜一些、使用更安全一些。

5. 环境优美和家庭平安梦

曾几何时，中国人对现代化的憧憬是：炼钢厂和高大的烟囱，冒着蒸汽的火车，化肥和农药，草原、湿地、湖泊和森林被开垦为良田，进入布满钢筋水泥泊油和火柴盒式的城市居住环境等等。而工业化过程中的石油农业、工业化生产，以及化学制品的生活用品，给生态和环境造成了极大的破坏，也威胁着人们生活的安全。因此传统现代化梦刚刚开始实现，就催生了人们的另一个梦想，就是在推进现代化的同时，有一个优美和安全的生态环境，有一个人生和财产安全的社会环境。

（1）饮水和食品安全梦

希望饮水时，水没有受到污染，矿泉水中不要加有害的物质；希望喝饮料时，没有喝下更多的化学物质；希望喝牛奶和酒时，不要喝到假酒和三聚氢氨等。

（2）空气清洁富氧梦

希望天是蓝的，云是白的；少有或者没有飞扬的沙尘；工业废气烟尘排放达标，气体和粉尘排放多的工业远离城市，并且随着技术的日益进步而大量地减少排放；城市中公共交通发达，轿车尾气达标排放，并日益减少；植被覆盖率高，空气清洁，能见度高，空气中富有氧气等等。

（3）环境安祥宁静梦

在城市的工作和生活中，机动车的发动机和鸣笛声小一些工地和工厂离居民区远一些，夜晚不要施工；林荫和树木多一些，使大街、社区和工作地点尽可能宁静些，生活和工作在安祥之中。

（4）社区、街道和工作场所环境卫生整洁梦

希望街道、社区和工作场所清洁一些，污水能走地下管网并得到处理；不要让城市工业和生活污水流到农村危害农作物生长，城

市中水系和湖泊水质保持在一类状态；工业和生活垃圾集中及时清运，垃圾场远离社区并得到封闭式处理。

（5）园林、湿地、山水生态梦

人们希望工作之余，在清晨和傍晚，可以在公共的河边林荫下，在免费的湿地公园里，看到树木、草坪、青山绿水、各种飞鸟、昆虫和奔跑的动物。

（6）家庭生活和工作安全梦

人们生活在城市中，希望在上学、工作和购物途中，避免交通意外，平安回家；希望孩子和自己不被拐卖、绑架、盗窃、抢劫、勒索；希望自己的住宅不发生火灾，并且住宅的建筑质量达到安全居住的标准；希望不被电话、短信和网络等虚假资讯所骗，不被不法商家欺骗；希望遇到危险时，能得到路人的帮助。

6. 精神生活梦

中国人的精神生活之梦就是在中国共产党的领导下，生活和工作在自由、民主、公平、正义、互助、和谐且能充分发挥自己聪明才智的社会中。在构想和编织21世纪中国人精神生活之梦时，需要正确处理这样一些重大的关系。

（1）需要正确处理自由、民主与集中和秩序的关系

虽然在实践中有这样或那样的曲折，但是在理论上，无论是马克思、恩格斯，还是毛泽东、邓小平，他们革命和建设的目的就是建立一个人民当家作主的、生动活泼的、宽松和谐的、心情舒畅的、自由和民主的大同社会。但是自由和民主并不意味着混乱，并不是社会和政治的不稳定。中国既需要扩大自由、发扬民主，形成一个生动活泼的、有生机和活力的社会，也需要一个有秩序的社会。需要一个有科学民主决策，有执行力和能解决人民提出的各种问题的强有力的党和政府，努力营造一个既自由民主，又有秩序和安定的民生和发展环境。

（2）需要正确处理个人精神与集体主义、公民权利与国家利益、市场竞争与社会公平的关系

一个社会、一个社区、一个单位，既要保护每个人的个人生活和财产不受侵犯，尊敬每个人的个人自由，鼓励每个人创业、工作的积极性，保护其合理合法的分配所得，又要做到个人行为不影响和损害公共利益，按照公开、公正制定的制度约定，每个人为国家和公共利益约束行为、履行义务、合理纳税。因此既要保护私人的产权不受损害，也要用契约的办法维护公共和国家的利益。

（3）需要正确处理宗教与政治的关系

宗教古来有之，是千万年来人类精神生活的一个重要组成部分。基督教、佛教、伊斯兰教、道教、印度教等宗教，传承千年而不衰，深深地影响着每一个国家和地区人们的思维、行为和生活方式。中国有数亿群众信教，因此承认客观现实、保护和满足人民群众宗教需要是国家的责任。在中国传统的文化中，奉行仁爱兼利的人际和谐准则，重视对人的尊重和关心，提倡人和人之间的相互关心、爱护和帮助，强调和谐亲善的温和气氛。

梦想可大可小，岗位不分卑贱，贡献不论大小，只要我们勇于展示梦想，国家和社会为我们的梦想提供舞台，只要我们努力为梦想的实现去奋斗，我们的梦想就一定能够实现。

二、梦想从职业规划开始

1. 个人职业规划定义

个人职业规划也叫个人职业生涯设计。职业生涯规划指的是一个人对其一生中所承担职务的相继历程的预期和计划，这个计划包括一个人的学习与成长目标及对一项职业或一个组织的生产性贡献和成就期望。个体的职业生涯规划并不是一个单纯的概念，它和个体所处的家庭以及社会存在密切的关系。并且要根据实际条件具体安排。并且因为未来的不确定性，职业生涯规划也需要确立适当的

变通性。虽然是规划，也不是一成不变的。同时职业规划也是个体人生规划的主体部分。

一次完美的职业生涯规划由审视自我、确立目标、生涯策略、生涯评估四个环节组成。首先，有效的职业生涯设计必须是在充分且正确地认识自身的条件与相关环境的基础上进行的。对自我及环境的了解越透彻，越能做好职业生涯设计。其次，有效的生涯设计需要切实可行的目标，以便排除不必要的犹豫和干扰，全心致力于目标的实现。如果没有切实可行的目标作驱动力，人们就很容易对现状妥协。再次，有效的生涯设计需要有确实能够执行的生涯策略，这些具体且可行性较强的行动方案会帮助你一步一步走向成功，实现目标。最后，有效的生涯设计还要不断地反省修正生涯目标，反省策略方案是否恰当，以能适应环境的改变，同时可以作为下轮生涯设计的参考依据。

2. 职业规划的实施

一般从认识自我、了解职场、确定目标、行动计划、调整反馈等几步来实施。

（1）认识自我

这是职业生涯规划的起点。自我认知客不客观、准不准确，直接影响规划的科学性和准确性。认识自我主要是了解跟职业相关的方面，如自己的性格、兴趣、能力、价值观等等。我们可以借助一些测评工具来了解自我，也可以用经验法来自我评价，如直接的自我评价和间接的自我评价。直接的自我评价，首先要认识到自身具有的条件，包括健康情况、心理状态、情感特点、兴趣倾向、知识水准、专业特长、智力情况、能力特点，还可以测定一下自己的生物节律周期、智商指数、气质类型、性格类型等，以之作为参考。其次是比较自己在不同领域的实践中取得的不同成就，以发现自身长处，确定奋斗目标；间接的自我评价，是指通过与他人行为的对照及情况的对比，发现自我认识的错位。一般可以用360度评估法来认识自己，即通过自己、父母、领导、同事甚至朋友等从全方位、各个角度来评估自己的方法。被评估者可从这些不同的反馈中清楚地知道自己的不足、长处与发展需求。

一是了解兴趣，杨振宁曾说："成功的真正秘诀是兴趣。"无论是学习还是工作，兴趣是最好的老师。职业生涯规划必须考虑个人对各种事物或活动的喜好、偏爱情况。比如，有的人喜欢与人打交道，喜欢扎在人堆中，人越多越开心，这样的人就非常适合从事销售、公关、管理、教学等需要大量人际交往的工作；有的人喜欢与物打交道，习惯独处，不太愿意到人多的地方去，呆在人多的地方会感到不自在，这样的人更适合从事会计、图书管理、园艺、电脑程序员等工作。二是了解能力，看看自己目前能做什么、不能做什么，在哪些方面比较突出，过去或目前的哪些方面有优势，哪些方面比较弱。我们要成功地完成某项工作，实现预期的梦想，除了要具备一定的能力水平外，有时还要具备这项工作所需要的特殊能力，如数学研究需要具有计算能力、逻辑思维能力和空间想象能力，然而社会上多数专门职业的能力都需要相当长时间的训练。三是了解性格，在日常生活中，我们经常对他人进行评价，说某某人热情、开朗而某某人胆小、内向。这些评价描述的其实就是人的某些性格特征。心理学家认为，性格是一个人对现实的稳定态度和习惯化了的行为方式，它是一个人个性的核心成份。了解自己的性格特性，有助于做出清晰、明智的职业选择。例如，善于人际沟通的人适合从事政治、贸易与管理类的职业；文思细腻、感情丰富的人适合从事文学、翻译的职业。

（2）了解职场

了解职场就是了解现实生活中的职业环境，包括社会需求、行业与职业现状等等，并能用发展的眼光把握工作世界的未来趋势。了解职场的方法有很多，对于身在职场的人来说，可以平时多与各种职业人士交流，了解他们的工作内容、对学历的要求、对人员素质的要求、工作中的酸甜苦辣等。对于即将踏入职场的学生来说，可以利用寒暑假参加实习、志愿者服务和各种社会实践活动，来提前了解职场的各项规则。

（3）确定目标

对于一般人来说，目标是应该比现状高一些，向上跳一跳能摘到的“苹果”，这个比较现实。太低的目标不能激发人的潜能和斗志，意义不大；太高的目标会真的成为梦幻，难以达成，以至于丧失自信。有的同学今后想成为科学家、医生、律师，也有同学想成为大学教授、政府官员或创业者。人各有志很正常，但没有志向、没有人生目标的人是不可能找到幸福、获得成功的。

（4）制定计划

在确定了目标后，行动便成了关键环节。没有行动计划，目标难以实现，便是空想和幻想。这里的行动，是指落实目标的具体措施，如学习计划、社会实践计划、培训计划等等。不同人群需要采取不同的行动计划，分阶段实施的方式和途径也不同。

行动计划必须包含以下要素：一是计划的期限。即短期（1～3年）、中期（3～5年）、还是长期计划（5年以上）；二是重要性排序。根据目标的重要程度，对计划优先排序；三是完成的地点、时间、方法、步骤、达成的效果等；四是计划的监督、检查、总结等；

五是奖惩。实现目标时对自己的奖励和无法按计划实施时的惩罚措施。

（5）反馈调整

“计划赶不上变化。”在行动计划实施过程中，随着内外环境的变化和认知的成熟，有的时候需要对规划做评估和调整，才能使之行之有效。调整和反馈的内容包括修正自我认知、调整职业目标、改变生涯路线、调整行动计划等等。从这个意义上来说，调整和反馈就是一个再认识、再发现的过程。

3. 中职生开展职业生涯规划的思路

面对竞争日趋白热化的今天，中职中专生在认真做好职业生涯规划时不要倦怠。必须要采取积极主动的态度，改变传统的就业思路，积极探索符合自身发展的职业生涯规划新路子。

（1）树立正确的职业生涯规划观念

中职中专生要参照社会对人才素质的要求，不断修正自己的职业发展计划。职业教育应自始至终贯彻在中职中专生的学习过程中，职业生涯规划应作为就业指导教育的重要内容之一并列入教育计划之中，目前许多学校已经开设了就业指导课。职业生涯规划应作为就业指导课的核心内容，将科学的理念灌输给学生，同时教给学生科学的职业规划方法，这对于学生步入社会和一生的职业生涯发展都具有重要意义。

（2）引进职业测评体系，客观了解自我

职业测评具有预测、诊断、探测和评估等功能，不仅可以帮助学生了解其职业兴趣、职业能力、职业倾向性，还可以评定其个性特征和动机需求水平，并提供其潜力不足及发展方向的指导。目前我国有些专业测评研发机构开发出来的测评产品信度、效度都比较高，也积累了足够多的常模，从使用反馈情况看还是相当不错的，受到广大中职生和就业指导教师的认可。学校应充分认识到职业测评在中职生就业选择和职业发展中的作用，挑选和引进合适的测评工具，尽快让所有学生而不仅仅是毕业班学生接受职业测评服务。

（3）参与职业咨询辅导，进行职业发展定位

职业测评可以提供相对客观的评定和发展建议，对一般中职生来说可以起到参考作用，但不能完全反映每一个学生的真实情况，这就需要开展职业咨询辅导。在职业咨询辅导过程中，职业测评是基本依据，但不是唯一依据，还需要依据咨询教师丰富的理论基础和实践经验，将两者相结合才能取得较好的评估效果。从目前我国高校的实际情况来看，大部分高校还不具备开展职业咨询的条件，因此学校当务之急就是加快对就业指导人员的职业测评和职业咨询实操培训，以满足学生日益增长的职业规划咨询需要。

（4）加强社会实践，增强专业性和职业针对性

参加社会实践活动，在了解社会的同时，对其所学专业的应用以及将来可能从事的相关职业有一个比较清晰的感性认识。不仅在心理上接纳了自己将要从事的工作，也进一步明确了自己今后的努力方向。同时，学校应加大力度建立相关的专业社会实践、实习和就业基地，组织和安排相关专业的中职生到相关工作岗位上去锻炼。

（5）职业生涯规划必须以社会为导向

社会的需求在不断变化发展，只有密切关注职业的发展变化，学会收集、分析社会需求信息，使自己职业的选择与社会的需求相适应，并根据社会的变化调整职业生涯规划，才不致于被淘汰出局。

（6）需要一支专业化队伍

中职中专学生职业生涯规划指导既是一项神圣的事业，又是一项专业性很强的工作，它充分体现了职业学校的教育功能。因此职业学校就需要通过集中培训和学习，建立一支专业化、专家化、科学化的职业生涯指导队伍，并且经常开展毕业生的职业指导、咨询、推荐和服务工作，成为中职生的“职业导航师”。只有这样，才能满足中职生求职的需求，才能帮助中职生确立正确的职业意识。

4. 做好职业规划的重要性和意义

（1）职业生涯规划的重要性

“如果你不知道要去哪里，那你哪里也去不了”。目前，不少中职毕业生就业前迷茫、就业后频繁跳槽的一个重要原因就是缺少职业生涯规划。中职生的职业生涯规划应该从入学时开始，尽早制定人生目标和市场需求找准自己的岗位定向，思考个人所学专业及未来的发展方向，需要掌握哪些知识和能力，掌握这门知识能到哪些行业和企业去，自己是否喜欢未来的这个职业。在校时有针对性地进行相关知识的补充和能力的培养，对毕业生的就业将更具有针对性。

谈到“职业生涯规划”，很多人对这个词并不陌生，如今“职业生涯规划”高频率地出现在人与人之间的沟通交流中，越来越多有抱负、事业心强的年轻人开始关注个人的职业生涯规划建设，更多的人把职业规划与自己的成功人生联系到一起，职业生涯规划受到的重视程度可见一斑。

“凡事预则立，不立则废”。不少中职生对自己的发展规划并不明确，不能运用职业设计理论规划未来的工作与人生发展方向，严重影响了提前准备和准确定位，甚至影响了对工作的适应性。部分用人单位认为学生的社会实践少，实际解决问题的能力弱，只学到书本知识而没有掌握学习方法，缺乏团队精神、人际沟通能力和自我认识，而且对未来的发展盲目、没有规划。

在通往职业目标的路上，扎扎实实、一步一个脚印为理想去打拼，终有一天你将“积跬步而至千里，积小流而成江海”，蓦然回首，成功近在咫尺。

（2）进行职业生涯规划教育的意义

一是有利于思想政治工作的创新发展。职业生涯规划教育主要在于引导中职学生适应社会需求和时代发展的需要。通过职业生涯规划教育可以将学生的主客观条件与社会的需求紧密结合起来，以融入社会、发挥潜能、创新发展为目标，综合体现了“以人为本”的科学发展观。这项教育课程的开展使得学校思想政治工作能够更好的贴近生活，有效地提高了中职学生对学校思想政治工作的吸引力，从而能促进高校思想政治工作的创新发展。

二是有利于中职生素质教育的发展。职业生涯规划教育的开展也极大地促进了中职生素质教育的发展，通过职业生涯规划教育课程的学习，学生们可以明确自己的人生目标和未来发展方向，以积极的态度来投身于学习和生活中。为了自身的发展目标，他们刻苦学习，不断提高自身的知识水平、职业技能水平，以创新发展的理念不断的开拓进取，以期能够达到自己规划的发展目标。

三是有助于中职生乐观从业。职业生涯规划教育给中职学生提供了良好的就业心理辅导和职业规划设定，能够帮助学生提前面对就业压力，以乐观积极的心态来面对就业，让他们对未来的职业感到满意，对未来的职业发展目标有清晰的判断能力，能够乐观积极的解决就业过程中出现的各种问题。

三、成就人才梦想的途径

青少年时期，每个人都有一个成才的梦想，不想成才的学生被老师认为不是好学生。但成年后，我们发现不是所有想成才的人都能成才。因为成才必须具备充足的条件、经历必要的途径、遵循客观发展的规律。要充分认识和牢牢把握成才的主动权，才能尽快地促使自己成才。

1. 成才的条件

个人的成才过程，受多种因素的影响和制约。这些因素归纳起来，不外乎两点：一是成才者的内部基本条件；二是成才者的外部客观条件。

（1）成才者的内部条件

一是强烈的成才欲望。欲望是人的一种生理和心理需要。当人想取得某种东西或要达到某种目的满足生理或心理需要时，就会产生一种愿望和要求，形成一种心理倾向。人有多种需要，而心理需要是一个人追求理想、成就人才、成就事业、获得人生快乐的根本保证。凡有成才欲望者，就有成才的一种可能，没有成才欲望者，就没有成才的可能性。而成才的欲望又有强弱之分，迫切与不迫切之别。成才的欲望越强烈越迫切，成才的动力就越大，就越有可能成就大器人才。成才的欲望越弱越不迫切，就越难以成才。

二是健康的成才动机。成才动机是直接推动成才者进行成才实践活动的内部动力。这种动机往往与需要是密切联系着的。只有当这种欲望成为一种支配个人行为去寻求满足成才需要，达到成才目标的力量时，才会构成成才活动的动机。动机是需要的动态表现。纵观许多优秀人才的成长过程，无不具有远大的人生目标和对事业的执著追求。正是因为他们具有健康的成才动机，他们才在成才的道路上孜孜以求、成就大器。

三是顽强的成才意志。意志是人们为了达到一定的目的，自觉地组织自己的行动，能动地克服前进中的困难的心理过程。这是人的心理能动性的突出表现。它具有自觉性、果断性、自制性、坚韧性的特点。

（2）成才的外部条件

个人成才的过程中，其自身基本条件是关键，但也不能忽视外部的客观条件。有时在一定的条件下，外部客观条件所起的作用也是非常重要的。成才的外部客观条件概括三种：一是顺境。顺境指外界形势对成才主体发展有利的条件。成才主体充分利用外部环境发挥个人优势、展示个人才华。它包括时代发展、国家需要、事业急需等。马克思主义认为时势造英雄，古今中外许多英雄好汉，杰出人物都是顺乎时代发展、国家需要、事业急需而成才的。从现实看，许多人顺应改革开放的形势，主动下海求发展，成就大才者比比皆是。顺境成才，就是要顺乎环境成才，而不是背离环境去追求成才。二是机遇。所谓机遇，就是一种良好的时机和境遇，是人的才能得以显示和发挥的机会。机遇的出现，往往具有偶然性。有人说人人都有机遇，但机遇往往只赋予那些平时有充分准备的人。在人生道路上，有些偶然出现的机会，只要能及时抓住它，借以实现自己的理想和追求，就能使人很快成才。三是逆境。逆境即指不利于个人成长与发展的内外环境。人生的道路是曲折的，成才的内外良好环境并不是每个人都具备，有的人甚至还会处在十分不利的环境下。张海迪是个很好的例子，她从小身患高位瘫痪，生活不能自理，却凭着自己顽强的意志，忍受了常人难以忍受的磨难，战胜了常人难以战胜的困难，克服了自身许多不利因素，终于自学成才。类似张海迪成才者，古代有之，现代也有之；中国有之，外国也有之。

2. 成才的途径

绝大多数人都想成才，渴望成才，并希望找到适合自己成才的途径。其实，成才的途径归纳起来不外乎教育成才和自学成才两大途径。

(1) 教育成才

教育成才，即通过各种教育形式培养造就的人才。教育成才包括学校教育、社会教育和家庭教育；正规教育和业余教育；从师教育和相互教育等。科学技术的发展离不开教育，而学校是培养人才的摇篮，学校教育是人才成才的主要途径。古今中外有不少的大科学家、文学家都是通过良好的学校教育培养成才的。如居里夫人、李政道、郭沫若、钱学森等都接受过良好的学校教育。学校教育有良师的精心指导、谆谆教诲与热情帮助；有优越的仪器设备、实验实习；有丰富的藏书资料、充裕的学习时间等，不少学生充分利用学校优越的学习条件，牢牢抓住成才的机会，在学校学习中就展现出个人才华，在某些学科领域造诣颇深、略有建树、成就人才。因此，凡有机会进入学校学习的人，都应死死抓住这个机会不放，充分利用学校提供的有利条件，自觉地、主动地、积极地接受教育，博览群书、独立思考、刻苦钻研，促使自己早日成才。

(2) 自学成才

自学有广义和狭义之分。从广义角度讲，任何知识和技能的获得都要经过学习主体自己能动地调动自身学习器官，积极主动地学习，无论在校不在校，从师不从师。这种自学形式是终生学习的唯一形式。从自学概念的狭义上讲，自学成才是指那些由于各种原因没有机会进入各级各类学校学习深造或错过了在校教育成才机会的人，通过自己积极、主动地学习，破万卷经典，吸百家精华，学有所成，或完善前人创见，或标新立异，自成一说。

如此成才者，古今中外，数不胜数。许多著名的革命家、科学家、文学家和发明家无不靠自学成才。华罗庚都没有上过大学，靠的是自学：世界著名的科学家爱迪生、法拉弟，甚至诺贝尔奖的创始人诺贝尔都没有受过良好条件的在校教育，都是自学成才的。如果没有掌握自学的方法，没有学会自学，即使受过大学教育，不仅很难成才，就是成了才的也会逐渐丧失人才的光辉与作用。尤其是当今时代变化之剧，科学技术的发展日新月异。有人说，如果说前些年代科学技术的发展变化是以算术级数增加，而二十世纪八十年代以来则是以几何级数增加。从手推磨到蒸汽车发明大约用了近千年时间，而从电力发明到原子能应用仅百余年时间，从半导体到电脑运用还未花上半个世纪。有人推算，现在在校学生所学知识，到他离校上岗之后，利用率仅有20%左右。学会自学，并不断地进行个人知识更新和再学习，才会成为时代的有用之才。在历史上凡有成就的人，其知识并非全部从学校中得来，而大部分都是通过自学获得的。总而言之，自学可以成才，而且是大中专生成才的一条重要途径。

四、中职中专学生成才与“中国梦”

青年学生是祖国的未来、民族的希望，是实现“中国梦”的重要后备力量。我们党从成立之日起，就始终关心、关注广大青年。对于中职中专生来说，要主动将自己的成长成才与实现“中国梦”结合起来，按照“三个必须”的要求，共同实现“中国梦”。

1. 中职中专生，要坚定“走中国道路”的信心

如今，中国社会进入了一个快速发展时期。尽管我们的社会不乏怀抱崇高理想、充满奋斗激情的青年人，然而，西方思想文化的渗透，各种社会思潮的冲击，社会复杂现实的影响，给青年们的信仰带来了巨大的冲击和影响。在多样化、世俗化、市场化的现代话语中，一些青年将利己主义、享乐主义日常化、合理化。对金钱和享乐的向往，正侵蚀着一些青年的社会良知，扭曲着一些青年的主流价值观和信仰。长此以往，我们将会失去前进的动力。作为青年学生，一定要用中国特色社会主义理论体系武装自己，坚信“走中国特色社会主义道路”，国家才能在经济全球化和市场化的过程中崛起，只有国家的发展我们才有自己的机会，才有可能实现自己期望的梦想。当广大青年学生过上美好生活的时候，中国也就获得了自己的新的生命。

2. 中职中专生，一定要弘扬“中国精神”

中华文明源远流长，中国精神生生不息。中职中专学生成长成才不仅要看其知识水平，更要看道德表现，而以爱国主义为核心的民族精神和改革开放为核心的时代精神为“德”的根本所在。爱国主义生发于中华文明传统、积蕴于现代中华民族复兴历程，爱国主义是近些年中国的快速崛起的强大动力，是动员与感召无数青年学生为祖国奋斗的精神力量，是中国文化软实力的重要体现。今天的学生一定要继续弘扬爱国主义的优良传统，为祖国发展进步增添正能量。中国精神始终与时代同步，不断改革创新。当今时代，信息交流日益广泛，知识更新大大加快。我们要跟上时代和社会前进的步伐，就必须不断提高自己的综合素质。当前，改革开放进入了攻坚阶段，面临许多的问题和困难。我们青年学生只有踏踏实实地打好基础，才能勇敢面对各种挑战，努力创造更加辉煌的青春业绩。我们只有发扬开风气之先的优良传统，以敢为人先的志气、超越前人的勇气、革故鼎新的锐气，不断培养自己的创新意识和创新能力，逐步形成适应时代发展洪流和方向的新思维、新观念，不断探索新思路、新办法和新途径，才能成为科学探索和创新的先锋。

3. 中职中专生，必须紧密团结，“凝聚中国力量”

“中国梦”要求每一个中国人都用自己的勇气、智慧、创造精神争取美好生活的梦。青年兴则国家兴，青年强则国家强，责任已一步步落到我们青年学生身上。我们是一个命运共同体，只有国家好、民族好，每个人才会好；只有民族、国家实现科学发展，个人才能实现全面发展。同样，只有每个人都拿出实干的精神和劲头，立足本职，干好自己的事情，像罗阳、林俊德、张丽莉等那样，在自己岗位上人人出彩，每个人的活力都充分激发，13 亿个体共同编织的“中国梦”才够美丽、才更坚实。

作为这个有机整体中的一分子，中国当代青年学生也不是以个体存在的，而是共同生活在中国这个大家庭中的一员，国家的荣辱兴衰与我们息息相关。只有更多地关心国家大事，了解当今世界发展的趋势，坚持德、智、体、美全面发展，才能肩负起实现振兴中华的重任，更好地体现作为优秀青年人的人生价值和追求。中职中专学生是青年中有较多机会接受现代科学技术教育的一部分人，是“科教兴国”战略的受益者。我们在受益的同时，也应是“科教兴国”的实践者和完成者，应当义不容辞地挑起振兴祖国科技事业、迎接新技术革命挑战的重担，紧密团结在党的周围，从而成为祖国振兴的中坚力量。

千里之行，始于足下。实现中国梦需要的是实实在在的行动。人生如船，梦想如帆，年轻一代就是在追逐梦想的进程中而成熟。对青年学生而言，最实在的行动就是要刻苦学习、实现价值。作为一名当代青年学生，一定要用“中国梦”丰富自己的价值愿景；用爱国主义情怀提升自己的思想境界；用扎实的专业知识和技能提升自己的本领，只有这样，当自己毕业走入社会后才能为中国梦的实现作出自己应有的贡献。

党的十八大提出“广大青年要积极响应党的号召，树立正确的世界观、人生观、价值观，永远热爱我们伟大的祖国，永远热爱我们伟大的人民，永远热爱我们伟大的中华民族，在投身中国特色社会主义伟大事业中，让青春焕发出绚丽的光彩。”这是党对青年的殷殷期盼，这也是国家和时代对青年的深深呼唤。

梦想拓展

1. 查找资料，了解一下全国职业院校技能大赛、全国中等职业学校“文明风采”竞赛的相关内容，说说你对这些比赛的想法。

2. 目前，为了促进中职生的成才和发展，各地教育主管部门在积极架设各级各类教育衔接沟通的桥梁，有人形象地描述为构建“人才成长立交桥”。结合所学本节内容，说说你的职业规划，并展示你的梦想。

阅读链接

没有一流技工，就没有一流产品

2013 年 7 月 7 日晚，第四十二届世界技能大赛在德国莱比锡落下帷幕。中国代表团取得了 1 枚银牌、3 枚铜牌和 13 个优胜奖的好成绩。其中，美发项目获得银牌，印刷媒体技术、制冷与空调、数控铣项目获得铜牌。中国参加的 22 个项目中有 17 个项目获奖。

中国人力资源和社会保障部副部长王晓初在接受本报记者采访时说，在人才队伍中，技能人才是一个非常重要的群体。没有一流的技工就没有一流的产品，我们要想实现从“中国制造”到“中国创造”的转变，需要一大批高水平的技能人才。参赛选手是青年技能人才的优秀代表。社会上很多人对技能人才发挥的作用认识不够，很多年轻人不愿走技能成才的道路。这些青年选手获奖再次证明了走技能成才之路也能登上世界的领奖台，也能为国争光。

西安开元电子实业有限公司董事长王公儒作为世界技能大赛的赞助商和设备供应商代表也来到了莱比锡。他告诉记者，“自己的企业就面临技术人才缺乏的问题，目前我们最缺的就是技术工人。”

数控铣项目专家组组长、国际裁判鲁宏勋就是一名走技能成才之路的代表。他从钳工干起，在工作中不断学习。上世纪 80 年代，国内数控机床非常少，他通过自学和不断摸索，逐渐获得单位和行业的认可。他的很多徒弟成为了全国技术能手，获得过国内冠军，如今他培养的选手也登上了世界的领奖台。

但鲁宏勋也承认，我国的职业技术人才和“白领”相比，在待遇、社会地位等方面还存在差距。随着大学的扩招，很多中职生找不到工作，而技术工人非常抢手，从事职业技能工作也是一条成才之路。

第九讲　实干铸梦　人生出彩

梦想导读

习近平在刚刚当选国家主席之际，向全体人民，向全世界阐述“中国梦”的时候，提出了“人生出彩”这样一个理念。非同寻常的“人生出彩”指的是谁的人生？显然不是少数人的人生，也不是多数人的人生，而是生活在中华人民共和国疆域内每一个国民、每一个个人的人生。”

“人生出彩”意味着个人尊严受到保护，个人价值被重视，在这样的环境里，个人的才智、创造力被充分解放、释放；这样的社会必然是充满活力的，这样的人生是充满希望的。“人生出彩”的前景令人期待的，更需要全体人民的共同奋斗。作为中职学生的我们，是未来我国迈向世界强国的主要技术生力军，每个人在国家发展的历史潮流中，只有脚踏实地，通过苦学本领，练就一身为祖国建设的好本领，才能享受我们出彩的人生！

一、现代职业教育梦

职业教育梦是“中国梦”的重要组成部分，是技术技能强国的梦，是全面发展的梦，是人人成才的梦，是尽展其才的梦。

实现两个百年目标和“中国梦”，教育是先导和基石。职业教育作为与经济社会联系最密切的教育类型，在推进实现“中国梦”的进程中发挥着不可替代的重要作用。

1. 职业教育梦的内涵

职业教育梦是“中国梦”的重要组成部分。职业教育梦是“技术技能强国”梦——要实现以合理的人力资源结构支撑国家产业发展；是“全面发展”梦——要培养具有良好的思想道德、知识技能和人文素养的技术技能人才；是“人人成才”梦——要让每个孩子都成为有用之才，回应农村和城市低收入家庭对美好生活的期盼；是“尽展其才”梦——要形成以实践和贡献评价人才、全社会尊重技术技能人才的文化价值观。

党的十八大关于建设中国特色社会主义“五位一体”的总布局和全面建成小康社会的宏伟目标，同步推进新型工业化、信息化、城镇化、农业现代化，办好人民满意的教育，让全体人民在学有所教上持续取得新进展等。都对职业教育改革创新提出全新要求，这些新要求归结为一句话，就是必须“加快发展现代职业教育”。加快发展现代职业教育，是实现职业教育梦的必然要求。

2. 发展现代职业教育

（1）要为实现“中国梦”夯实基础

加快转变经济发展方式、服务全面建成小康社会的关键是人才，既要有一大批拔尖创新人才，更要有数以亿计的技术技能人才。广大职业院校在校生是我国技术技能人才的重要后备力量，是我国经济建设主力军和生力军的重要来源，他们的技术技能水平和综合职业素养直接关系着我国现代化建设的水平，影响着我国小康社会建设的进程。要把中国特色社会主义事业不断向前推进，就必须重视技术技能积累，就要加快发展现代职业教育，为实现“中国梦”提供强有力的人才支撑。

（2）要为学生“人生出彩”打造平台

实现“中国梦”，必须关注人的全面发展。当前我国教育事业发展态势良好，成就有目共睹，人民群众满意度有所提高，国际社会也给予较高评价。但是我们必须清醒地认识到，我国教育仍然存在着诸多问题。人民群众对接受更高质量的教育，对更加公平的机会，对人人都能成才，充满了期待。解决这一问题，关键是要调整教育结构、创新教育基本制度、改革人才培养模式，建立中国特色的现代教育体系。现代职业教育面向人人，致力于让每个孩子都成为有用之才，是教育改革的切入点和突破口。要服务人的全面发展，就要加快发展现代职业教育，为人民群众提供多样多层次的教育选择机会，营造全社会尊重技术技能人才的文化氛围和价值观，助推实现“人人尽展其才”，为每个人实现“中国梦”打造平台。

（3）要为加快发展现代职业教育提供保障

实现“中国梦”一定要重视实干。党的十八大报告要求“努力办好人民满意的教育”“加快发展现代职业教育”，对新时期职业教育工作做出了战略部署。从“大力发展职业教育”到“加快发展现代职业教育”，是中央从经济社会发展全局出发做出的重要决策，是中央领导对职教战线同志们的嘱托，是人民群众的期盼，是我们每一个职教人最伟大的“中国梦”。没有现代职业教育的教育体系是不完整的体系，滞后发展的职业教育绝不是人民满意的教育。要实现职业教育事业的科学发展，就要加快发展现代职业教育，为丰富和发展“中国梦”作出新的贡献。

3. 加强“中国梦”主题教育活动

“中国梦”主题教育活动是职业院校教书育人、立德树人的重要内容，是职业院校学生思想道德教育的重要抓手，是激发学生为实践理想而努力奋斗的有效载体。各地各职业院校开展“中国梦”主题教育活动，要重点把握以下七个方面。

（1）要明确目标任务

通过“中国梦”教育活动，教育引导职业院校学生深刻领会“实现中华民族伟大复兴是中华民族近代以来最伟大的梦想”，坚定道路自信、理论自信和制度自信；教育引导学生深刻认识每个人都享有“人生出彩”“梦想成真”“与祖国和时代一起成长进步”的机会，正确认识自我，增强自信心，形成良好的心理品质，挖掘自身潜能；教育引导学生深刻领会“每个人的前途命运都与国家和民族的前途命运紧密相连”，形成正确的就业观、创业观，做好职业生涯规划，增强社会责任感；教育引导学生深刻认识“空谈误国，实干兴邦”，树立劳动观点，以劳动为荣、以实践为荣、以创造为荣，树立爱岗敬业、诚信奉献的职业道德和诚实劳动、严谨细致、精益求精的工作作风。

（2）要夯实活动载体

高等职业学校“文明风采”竞赛活动的影响力已经越来越大，成为职业院校德育品牌活动，形成了“武有技能大赛，文有文明风采”良好局面。2013 年，竞赛活动以“我的中国梦”为主题，提升了活动组织规格，吸收了更多的主办单位，优化了赛项内容。各中职中专学校应该继续精心组织，广泛发动，进一步扩大活动的覆盖面、参与面、影响面，推进活动育人、实践育人，增强德育的针对性和实效性。

（3）要建设节约校园

要大力弘扬中华民族勤俭节约的优秀传统，勤俭节约办教育，建设节约型校园，营造良好的育人环境，在基础能力建设方面因地制宜、严格相关管理制度，在会议、活动方面严格控制成本，大力倡导不留剩饭剩菜的“光盘行动”，引导师生树立勤俭节约意识。要紧抓制度建设这个重点，着力形成制度、形成风气、形成习惯，通过艰苦奋斗、苦干实干实现“中国梦”。

（4）要加强德育教学

为贯彻落实十八大精神，教育部办公厅刚刚印发了《中等职业学校德育课贯彻党的十八大精神教学指导纲要》。中职中专学校也要加强德育教学的实施力度，为充分反映党和国家对德育工作的新要求、适应我国职业教育改革与发展的新形势，下一步教育部将组织对中等职业学校德育课程教学大纲和国家规划教材进行修订。我们要以此为契机，推动德育课程教学改革，以课堂教学为主阵地，推进十八大精神进教材、进课堂、进头脑。

（5）要开展相关活动

教育部党组关于开展“我的中国梦”主题教育活动的通知提出了征文大赛、主题宣讲、摄影及微电影创作大赛、网络文化和书信文化活动等内容。全国职业院校技能大赛应该继续秉承“德技并重”的理念，同期举办“我的中国梦”主题演讲活动。演讲可邀请职业院校师生畅谈对“中国梦”的理解和认识，思考个人理想与“中国梦”的关系，展望个人与伟大祖国的美好未来以及坚定投身实践、立志报国的决心。通过活动凝聚力量，激励学生刻苦学习，积极投身实现“中国梦”的伟大实践。

（6）要做好组织宣传

各地各职业院校要紧紧抓住“中国梦”主题教育活动契机，结合实际，精心组织，将“中国梦”主题教育活动与德育课程教学结合起来、与文化素质教育结合起来、与校园文化建设结合起来、与社会实践结合起来、与职业指导和就业服务结合起来，不断创新载体、丰富形式，要在职教战线上把开展“中国梦”教育活动的生动局面宣传好，把职业院校校长、老师、学生的“职教梦”宣传好，放大好声音，传递正能量。

二、人生出彩，实干圆梦

梦想无大小，梦想不分出身，只要我们坚持不懈地追求，终有实现梦想的那一天。作为中职中专学生，专业类别可能千差万别，将来从事的行业也各不相同，但是通过学校扎实的基础知识训练，凭着我们中职生不畏艰难，不怕吃苦的精神，努力打拼，汲取经验，就一定会开创出属于我们自己的天地。

1. 一位农民的生态致富梦想

中国梦也是农民梦，农民梦也是中国梦的一部分，很多中职中专学生出生于农村，他们了解农村、热爱农村，希望有一天让父老乡亲们也富裕起来，就在家门口富裕起来。

重庆市江津区夏坝镇大坪村村民张天勇就是一个成功的例子。2011年初，张天勇不顾家人的反对，放弃了在城里还算舒适的工作，回到老家承包了65亩荒山地，办起了养牛场，这在村子里可是一个大新闻。在别人眼中“一文不值”的荒山却被张天勇当成了“风水宝地”。由于平时喜欢读书看报，得知特色养殖能够带来巨大效益，他凭着自己多年来积累的知识，选择了地势高、水源充足、草料丰富、人烟稀少的山地作为自己实现创业梦的主战场。经过两年多的努力，总投资约180余万元建成了重庆永耀农业发展有限公司，肉牛由原来的几头存栏量达到年存量120余头的规模，一年创收近24万元。

随着养殖规模的不断扩大，养殖污染成为当前发展的难题。为此张天勇打破传统养殖模式，在当地探索发展立体、生态、综合的养殖模式，即山坡上种植玉米，玉米下种植牧草，鲜草和玉米作为肉牛的主要饲料，同时秸秆饲料化利用，牛粪沼气化处理，沼渣肥料化返田。“走环保经济的生态养殖道路一直是我努力的方向，以后我要建一个大型沼气池、一个桂花园、一个鱼塘，沼气池产出的沼气用于生活照明和煮饭，多余的粪便还可以种地、喂鱼，桂花园、玉米地、草料、牛、鱼循环利用，形成一条科学的生态养殖链。我还要在桂花园里种植蔬菜、散养鸡鸭鹅等，办个生态农家乐。桂花长大成型后还可以卖个好价钱……”张天勇滔滔不绝地讲述着他的“梦”。“粮食一牧草一养牛一牛粪一种树”这一生态农业产业链，不仅能够解决养殖用地和种植用地的矛盾，大量的畜禽粪便还能给土地快速补充养分，增强了土壤的肥性，畜禽养殖搬出村庄、庭院进入林间，净化和改善了农村、家庭环境，阻断动物疾病对人类人体健康的威胁。

张天勇的“生态梦”是夏坝镇推进生态文明建设的一个缩影。夏坝镇准备对全镇进行科学规划，大力发展“生态乡村”，高标准、高品位地推进“生态文明”进村到组入户，努力打造綦河片区最美的“生态走廊”。所有农民的梦想都很朴实，尽管增收致富奔小康是他们心中都怀揣着的一个共同的“梦”，但是“山美，水美，人更美”的生态梦也是他们在孜孜以求的梦想。

2. 一位工人的业内专家梦

“2009年获青岛市技术能手、2011年获中国南车技能拔尖人才、2012年获山东省富民兴鲁劳动奖章、青岛市技术能手、全国技术能手……”这是南车青岛四方机车车辆股份有限公司工人、首席制造师李文龙的头衔，很难想象，拥有这么多荣誉的他，现在仅25岁。

“我学习不好。”说到自己的求学经历，李文龙一直在重复这句话。在老师眼里，他一直不是一个好学生，他对学习也没有多少兴趣。初中毕业后，父母为他选择了一所中职中专技校，希望他学一门技术。而他对自己的未来也没什么打算，按照父母的意愿去了那所技校学习。“那时候还小吧，没什么目标，想的也很少，更别说有什么梦想。”到技校后，李文龙开始并没有什么学习兴趣，而是把大多数精力都放在吃喝玩乐上了……说到那时候的生活，李文龙有些不好意思。这样“潇洒”地生活了近一年，一年后，他才开始真正用心学习。“没有什么具体的原因，就是忽然想通了，觉得我得学习，不能老那样玩了。”他说。

努力用功后的李文龙，不断参加一些大型的竞赛，提高自己。不久，他以青岛技能大赛第一名的成绩参加了山东省的比赛，并取得全省第二名的成绩，最后在全国比赛中，他又获得第五名的好成绩。公司还破例聘任他为首席制造师。南车青岛四方机车的首席制造师，一般都是公司里技能水平最高、经验最丰富的人才能担当，才20出头、工作没几年的小子被聘为首席制造师，很多老员工对他的工作能力都很质疑，作为整个南车股份当中最年轻的首席，李文龙承受着很大的压力，他希望证明自己，得到同事的认可。“我的工作水平是够的，就是太年轻，工作经验不足，处理一些问题上不够成熟。”李文龙很快认识到自己的不足，也很理解同事对他的质疑。他需要靠实力说话。有一次，在同事负责的工序上遇到一个难题，很多人都对此束手无策，李文龙回到家里，就一直在想解决办法，最后他在以前的课本里找到了解决问题的关键，成功解决了难题。他的努力让他得到了同事的认可，而他也朝着自己新的目标在努力。

李文龙现在从事的装备制造业，主要生产动车组、地铁、公务车、出口火车等，属于高精尖行业，技术含量高。他的梦想就是通过总结在制造过程中所遇见的问题，不断进步，不断提高自己的业务能力，逐步成为自己领域内的领先专家。

3. “击败”研究生的中职生讲解员尤玮

从一名普通的中职生迅速成长为“2007年上海十佳讲解员”、中共“二大”会址纪念馆宣教部主任，这就是发生在我们身边的故事。

1998年中考，尤玮被上海市信息管理学校图书情报管理专业录取。和其他同学不同的是，尤玮没有丝毫的挫败感，她回忆道，“考大学是为就业，读职校一样可以找到合适的岗位，与其郁郁终日说什么大志难筹，不如踏踏实实走好脚下的路。”自踏入中职校门的那一刻起，她便告诉自己，这里是一个新的起点，一样可以实现人生目标，只不过需要将自己的人生道路进行一点点调整。参加辩论赛、演讲比赛、担任文学社社长……入学后，尤玮积极参加学校的各个社团活动，锻炼自己的各方面能力。

2001年，尤玮到鲁迅纪念馆的图书馆参加志愿服务，一丝不苟地将手写的目录卡输入电脑。一次偶然的机会，她被调至宣教部门，担任双休日志愿讲解员。白天担任讲解员，晚上翻阅各种资料，自己写讲解词……渐渐地，尤玮开始喜欢上讲解员这一职务，并不断钻研，每讲解一次都会有新的收获和启发，每次讲解词各异。

2002年，鲁迅纪念馆需要招聘一位讲解员，前来应聘的学生都是一些名牌大学的学生，甚至还有多位研究生前来应聘。面试者需要现场讲解鲁迅纪念馆，并接受面试官的提问。此时，站在一旁做志愿者的尤玮胆怯地问到："可以给我一次面试机会吗?"现场的面试官说："可以啊，你试试吧!"声情并茂的讲解后，面试官决定，无需招聘本科生、研究生，破格招聘这位中职学生。

每次半个小时的讲解，需要幕后十年功。尤玮不断严格要求自己：争做一位优秀的讲解员，既要有老师的风范又要有艺术家的风采还要有学者的底蕴。

梅花香自苦寒来，一个中职生的成长故事告诉我们，中职只是职业的起点，只要我们不满足现状，积极向命运发起挑战，还有什么实现不了的目标呢!

4. 一名技工的"金牌蓝领梦"

刘宏国，他用8年的时间实现了由初级技工到专家型工人的发展目标。

1996年技校毕业进厂工作时，他还是一名初级技术工人。但凭着他好学肯钻的精神，通过听、看、模仿来寻找窍门，在求教于书本和师傅的基础上，兢兢业业、一丝不苟，反复用废品零件进行练习，终于练就一身过硬的基本功。

"我要把每一个零件都干成'精品'，让用户满意。"刘宏国先后荣获全国技术能手、河南省钳工状元等荣誉称号。虽然摘取了一串串金灿灿的荣誉，但刘宏国的梦想始终没变："我是一名普通职工，就要立足岗位为企业发展作贡献。我要把每一个零件都干成'精品'，让用户满意。"公司有一台 90 年代初进口美国的等离子切割机，模架长年使用，磨损严重，直接制约了产量的增加和影响加工件质量。进口一套模架需 9000 美元。公司决定自己试制。刘宏国受命接受此任务。他迎难而上，认真研究图纸、收集技术资料、三番五次跑现场测量实物、反复推敲核算数据，在技术人员及师傅的帮助下，攻克了同一斜面钻孔、装配调试难度大等一道道技术难题，两套国产高标准化模架终于在他手中诞生，不仅为公司节约外汇 1.8 万美元，而且有效地保证了生产增量及质量，满足了用户的需求。

企业发展，迫切需要高素质的"金牌蓝领"。模具钳工是高负荷、高强度、工作量大而收入低的工种，面对同岗位的高级钳工由于种种原因不断地流失，刘宏国暗下决心要尽快实现由初级技工到专家型工人的发展目标迈进。刘宏国说："机会对每个人来说都是公平的，我要做最有价值的技工。"他在近几年的参赛比武过程中，始终坚持刻苦钻研，埋头苦练，决不打无准备之战，一步一个脚印顽强地攀上了技术的巅峰。

为了打好理论基础，刘宏国迫使自己学习各类能够提高自己素质的书籍，并选择了比较适应在职职工学习的"洛阳市职工科学技术学院"，历经三个寒暑，坚持利用业余时间自学，终于取得了大专文凭。三年大专函授学习，刘宏国奠定了扎实的专业知识功底。学习文化、钻研技术、注重实践、学以致用，使他的技术比"同龄人"提高了一截。

5. 中职幼师班女孩的钢琴梦

《中国达人秀》的舞台上，一位长相清纯面带微笑的女孩子走上台，"我叫郑桂桂，来自河南农村，两年前第一次看到钢琴，我就非常喜欢……"随后，就见她静静地坐在钢琴前，伴随着她那长得像个小拳头一样没有手指的右手在琴键上敏捷地跳动，一曲《童年的回忆》让人听得如醉如痴，现场的评委和观众纷纷流下眼泪。当评委问道："能用简短的语言说出你的不幸吗？"郑桂桂却说："我没有觉得我不幸，我感觉上天很眷顾我，赐给了我一双特别的手。"郑桂桂在出生的那一刻，在所有人看来都是不幸的，因为她的右手竟然没有一根手指。上小学四年级时，郑桂桂曾因为残疾的右手遭遇过男同学的嘲笑，这让一直感觉和其他同学都一样的郑桂桂，开始产生自卑的心理。从此无忧无虑的她逐渐变得不再那么爱笑了。直至见到钢琴，自卑的她又开始重拾信心。

2008年她考上了职业中专幼师班，第一次知道了原来并不是只有计算机才有键盘，钢琴的键盘能弹奏美妙的音乐，她深深地为此着迷。"第一次看到钢琴是上课时，那时根本不知道那个黑糊糊的东西是什么，后来在一个师姐的示范下，我才惊讶地发现，这个叫钢琴的东西竟然能弹奏出那么美妙的音乐，从那时起，我就深深地迷上了弹钢琴。"郑桂桂说。弹琴，对于一个没有手指的人来说，是一个奢侈的梦想，甚至是一种挑战。她要付出比常人多的努力，比常人多的坚持，比常人多的刻苦。她的老师被她坚韧的性格感动，不愿意收她的学费，但是她坚持要给，别人练一个小时，她就练三个小时，除了和同学们一起练琴的时间之外，她还会把同学们休息和玩的时间用在练琴上，让自己必须在同学们休息的时候赶上他们。从家到琴房骑车需要四十分钟，她风雨无阻，从未间断。她说，自己想做的事，自己能做的事，那就去做。她用自己的行动证明了自己并不比正常人差，别人能做到的事情，她一样也能做到。在钢琴老师蒋立炜的眼中，郑桂桂一直都是一个阳光、勤奋、要强的女孩。每当练琴遇到困难时，郑桂桂就会设立目标督促自己，希望自己的努力能够改变家境。多年来，她始终没有放弃弹钢琴的梦想。

努力终于得到了回报。2010 年 11 月，郑桂桂参加了河南电视台都市频道《你最有才》栏目，成为最耀眼的一位选手。“你站在我们面前，我们几乎可以忽视你右手的残疾，因为你的灵魂太高大了!”评委黄安感动地说。12 月 25 日，郑桂桂在央视“我要上春晚”舞台上演奏结束后，主持人董卿动情地问她：“你弹钢琴的动力是什么?”郑桂桂回答：“是为了得到人们的尊重。”话音刚落，现场立刻响起热烈的掌声。

梦想拓展

1. 查找材料，谈谈你对现代职业教育培养人才的认识，说说你所学的专业未来发展的前景。

2. 你听说过的哪些校友的梦想事例，谈谈对你的启发。你的梦想是什么，如何实现?

阅读链接

实现职业梦需要职业精神

职业教育要营造出一种职业文化，所有经过职业教育的人，一言一行一招一式都能体现出良好的职业修养。我们的职业教育也要做到这一点，成为高水平的教育。中国经济的“升级版”，需要职业教育的“质”的飞跃。

案例

一个中国留学生在日本东京一家餐馆打工，老板要求洗盆子时要刷6遍。一开始他还能按照要求去做，刷着刷着，发现少刷一遍也挺干净，于是说只刷5遍；后来，发现再少刷一遍还是挺干净，于是说又减少了一遍只刷4遍，并暗中留意另一个打工的日本人，发现他还是老老实实地刷6遍，速度自然要比自己慢许多，便出于“好心”，悄悄地告诉那个日本人说，可以少刷一遍，看不出来的。谁知那个日本人一听，竟惊讶地说：“规定要刷6遍，就该刷6遍，怎么能少刷一遍呢？”

国外调查显示：学历资格已不是公司招聘首先考虑的条件，大多数雇主认为，正确的工作态度是公司在雇用员工时最优先考虑的，其次才是职业技能，接着是工作经验。毫无疑问，工作态度已被视为组织遴选人才时的重要标准。

问题

如果你是那名留学生，你会如何做？为什么？

名家谈成才

我是受传统教育长大的。到美国进大学念物理的时候，起先以为只要很“用功”，什么都遵照老师的指导，就可以一帆风顺了，但事实并不是这样。一开始做研究，我马上就发现不能光靠教师，需要自己作主张、出主意。当时因为事先没有准备，不知吃了多少苦。

——丁肇中

对一个年轻人将来有决定性影响的，就是选择研究方向。我在美国，看到过几千个博士生，念书时都很好，但过了20年，他们的成就却相差悬殊。这不在于他们的天分、学历，在于有的路越走越窄，有的越走越宽。如果他选择的方向5～10年后大有发展，他就能有所成就，如果他选择的方向是强弩之末，就不能发展。那么，怎么才能看清方向呢？具体的很难说，关键是要把握住整个趋势，不要只是一头钻进去，眼光太短浅。

——杨振宁

对于青少年朋友，还有一点更为重要，就是要永远热爱自己的祖国。任何人的成长与事业上的成功，都是同他的祖国联系在一起的。我年轻时在丹麦作访问学者，丹麦物理学家、20世纪物理学巨匠之一——丹尼斯·玻尔是我崇拜的偶像，这不仅是因为他使得丹麦从一个当时物理学很落后的国家成为世界物理学中心，并且以玻尔名字命名的玻尔研究所被誉为“世界物理学家朝拜的圣地”；更为重要的是玻尔本人就是一位具有强烈爱国热情的科学家。玻尔在获得诺贝尔奖前后，曾受到当时许许多多科学发达的英、德、美等国的大学、研究所的高薪聘请，都被他一一婉拒了。他经常引用安徒生的一句话：“丹麦，是我的家乡，这里就是我心中的世界开始的地方。”我深深地为丹尼斯·玻尔的爱国主义情操所感染，以至于在我以后的成长岁月里，总会情不自禁地想起这位令人尊敬的科学家。

——杨福家

由于科学发展的迅速，许多知识要在离开学校后通过自学去掌握。因此，树立正确的学习方法非常重要。首先要处理好“专”与“博”的关系。从小学、中学到大学，应是打好基础。虽然在大学中，每个人一般要选一个主修的学科，但绝不能把此看为定终身，而应选读一些非主修的课程，扩大自己的知识面，这样可以避免鼠目寸光，不至于把自己束缚在一个小的圈子中不能自拔。

——谢希德

锲而不舍或许可以说是人生能够办成几件实事的要诀之一。我记得20世纪20至30年代时，我选定了爱因斯坦广义相对论引力论和流体力学的湍流理论作为科研和教学的主攻方向。近70年来，我的科学指向始终沿着这个方向，从未动摇和转移，最终取得可喜的进展。像锥子一样，数十年紧紧地锥住它，就是钢板也会锥出个孔来。如果一个人有这样的精神和毅力，总是可以做好几件事情的。

——周培源

1936年10月，我转到加州理工学院学习应用力学。幸运的是，加州理工学院的办学思想在当时是比较先进的，注重培养学生雄厚的理论基础。我特别欣赏应用力学大师和航空技术权威冯·卡门教授亲自主持的每周一次的学术研讨会：每次先由一位作40分钟主题发言，然后开展一个多小时的学术讨论，最后由他自己作15分钟的小结。发言者大都观点明确，思维敏捷，语言精炼；不管是权威、教授还是研究生，在研讨会上一律平等，做到学术民主。这些学术活动教我怎么探索未知，也给我提供了锻炼创造性思维的良好机会。

——钱学森